灵活用工平台的合规之路

GUIDANCE OF LEGAL COMPLIANCE FOR GIG ECONOMY PLATFORM

合规解决方案的路径设计

高亚平　周梦　纪倩 / 著

A DESIGN OF RESOLUTION PATH OF LEGAL COMPLIANCE

法律出版社 LAW PRESS · CHINA

图书在版编目(CIP)数据

灵活用工平台的合规之路：合规解决方案的路径设计／高亚平，周梦，纪倩著．--北京：法律出版社，2021(2025.1重印)
ISBN 978-7-5197-5849-3

Ⅰ．①灵… Ⅱ．①高… ②周… ③纪… Ⅲ．①用工制度 Ⅳ．①F241.32

中国版本图书馆CIP数据核字(2021)第169210号

灵活用工平台的合规之路
——合规解决方案的路径设计
LINGHUO YONGGONG PINGTAI DE HEGUI ZHILU
— HEGUI JIEJUE FANG'AN DE LUJING SHEJI

高亚平 周 梦 纪 倩 著

策划编辑 李 群
责任编辑 陶玉霞
装帧设计 汪奇峰

出版发行 法律出版社
编辑统筹 法规出版分社
责任校对 张红蕊
责任印制 张建伟
经　　销 新华书店

开本 710毫米×1000毫米 1/16
印张 16　**字数** 245千
版本 2021年10月第1版
印次 2025年1月第2次印刷
印刷 北京盛通印刷股份有限公司

地址：北京市丰台区莲花池西里7号(100073)
网址：www.lawpress.com.cn
投稿邮箱：info@lawpress.com.cn
举报盗版邮箱：jbwq@lawpress.com.cn

销售电话：010-83938349
客服电话：010-83938350
咨询电话：010-63939796

书号：ISBN 978-7-5197-5849-3
定价：48.00元

序　言

一、本书的由来和主要内容

写作本书，其实源于2017年年末笔者在第一个灵活用工合规项目中的一场争论。当时笔者向客户解释灵活用工平台（以下简称灵工平台）的合规模式应当采取的路径，在分析灵工平台个体工商户和委托代征模式的区别以及平台承揽法律关系与劳动合同关系之间存在冲突时，客户无法深入理解，于是笔者就撰写了一篇分析文章进行系统梳理和讲解。文章发表后不久，有一家灵工平台企业的风控部门发邮件给笔者，认为该文章解决了他们的痛点问题，他们组织全员逐字逐句学习。这让笔者备受鼓舞，于是在接下来的4年时间里，笔者坚持做了5件事情：

1. 把在灵工平台合规项目过程中遇到的重要法律问题（该问题同时也是整个行业普遍面临的痛点），逐一通过撰写文章的方式梳理清楚并分析透彻，一篇文章解决一个痛点问题。

2. 就灵工领域颁布的法律法规（包括重要的地方性政策法律文件）做第一时间的合规解读，目的是为平台寻求应对或者解决方案。

3. 通过文章分析经办过的垂直领域中灵活用工的合规应用场景，设计灵活用工人员（以下简称灵工人员）与灵工平台之间的法律关系以及合规方案，涉及直播、电竞、即配、在线医疗等领域。

4. 预判灵工平台的行业发展轨迹，通过文章提前进行合规解决方案设计，涉及灵工平台正在开始布局和重点关注的招聘合规、流量合规以及数据安全合规等。

5. 首创并构建了灵工平台发展的完整合规体系的理论模型，提出平台应当具备的四大核心功能。

所以，当您翻看本书时，会发现本书的逻辑框架，正是基于上述5件事情递进式展开。每一篇文章都是独立成文，主要发表于德恒律师事务所的公众号和澎湃研究所《新经济与法》专栏，现在重新调整逻辑顺序并改编成书。

二、本书的初衷和价值

笔者期望灵活用工行业的从业者能清晰地找到合规边界，同时在一定程度上引导灵工平台进行合规路径的正确选择。

目前，灵工平台基本涉及了各个行业，但基本的合规问题并没有得到普遍认知，因此充满了快速发展与有效监管之间的激烈冲突。

站在第一线，笔者能深切体察到无论是业界还是监管层都希望有一些普适的合规解决方案为这个行业提供正确的导向，并让整个行业形成一个基本的合规认知，让监管成本有效降低，让行业有序发展和健康竞争。为此，笔者开始分享灵活用工合规项目的一手实践经验。

笔者不断"升级打怪"，"研发"提炼出灵工平台发展的合规体系应当具备的四大核心功能，并且得到了灵工行业（包括人力资源行业）的充分认可，对此深感欣慰。

提出这样的知识体系框架，不仅仅得益于一线的作战经验，更重要的是笔者一直从灵工平台的基本功能（税法合规功能）的视角理解并思考人和组织之间基于"劳动"的法律关系，借鉴了经济学的一些原理。

我国于2008年颁布的《劳动合同法》①在加强劳动者权益保护的同时，着重强调企业的社会责任，认为我们的社会已经发展到了一定的阶段，需要更多地保障劳动者的权益，这本质上是基于公平的视角。但是，法学领域的一个另类分支——法经济学派，给予了不同的思考视角，最著名的就是美国的波斯纳大法官倡导的"法经济学"派，在一些法学价值判断领域包括审判领域运用和

① 为便于阅读，本书中相关法律法规标题中的"中华人民共和国"字样均予省略。

尝试"效力优先"说。这对应到劳动者社会保障问题上,就是什么样的保障成本分担机制最终让劳动者的福利最大化。假定劳动者的社会福利总量既定,福利对应的成本也既定,那么国家通过《劳动合同法》,在加强企业责任的同时,通过增加企业的成本,实现劳动者既定的社会福利。但是,优秀的机制设计,应当是通过改变激励和约束机制,从而实现社会福利的整体增加。政府若能科学地在劳动者、企业以及社会三方之间分摊劳动者的社会保障对应的成本,进而实现增加激励、创造就业、提升企业组织数量和单位生产力等,就一定能增加整体社会的福利。

笔者看到的现状是,面对劳动者的社会保障问题,灵工平台可以起到良好的平衡作用,让劳动者的社会保障福利在企业组织、第三方服务主体、社会保障部门以及劳动者之间实现动态平衡。而灵活用工模式可以平衡效率和公平的问题,灵工平台通过良好的机制设计,某种程度上可以替代政府在机制设计上的为难之处,通过结合税收方式和成本的考量,构建劳动者与企业组织之间的最优法律关系,从而实现社会整体福利的提升。

笔者甚至考虑,未来灵工平台是否有可能通过数字科技帮助政府构建一个动态的社会保障体系的成本分摊机制,这是我们的终极理想。

三、本书对灵工平台的定义

短短几年的发展,灵工平台已经演化出多种商业模式,以主流的业务承揽总包模式为基础,发展出了平台撮合模式、SaaS 服务商模式、政府园区服务商模式等。本书重点聚焦探讨以业务承揽法律关系为基础的总包模式下的合规问题。

为避免歧义,本书对灵工平台的明确定义,是指基于承揽法律关系,平台承揽(总包)用工企业的业务后向灵工人员(包括但不限于自然人及自然人对应的相关法律主体)进行众包,具有信息发布及在线交易等功能,且为灵工人员提供完税解决方案的互联网平台。

同时,为了加以区分,笔者简要介绍一下其他几种典型的灵工平台商业模式:

除了第一种承揽模式，第二种典型模式为撮合模式的灵工平台，指为用工企业及灵工人员提供网络经营场所、交易撮合、信息发布等服务，供交易双方或者多方独立开展交易活动且为灵工人员提供完税解决方案的互联网平台。

除前述总包模式、撮合模式外，灵工平台亦呈现资源整合趋势，出现了第三种聚合多功能的 SaaS 服务商模式，即灵工平台作为软件技术提供方，自身不为灵工人员提供完税解决方案，仅为用工企业、灵工人员及能够为灵工人员提供完税解决方案的服务商提供网络经营场所、交易撮合、信息发布等服务。

第四种政府园区服务商模式，即在 SaaS 服务商模式基础上，平台与园区政府主管部门合作，作为园区服务商，为入驻企业搭建、运营灵工平台，并提供技术支持等园区综合服务。在该模式基础上加以演化，灵工平台作为技术服务方协助当地政府进行灵工领域的数字政务建设，同时支持政府运营数字产业园，对接有灵工需求的外部企业。

四、本书的框架设计

在构建本书的逻辑框架时，笔者曾试图从一个灵工平台的视角真实还原发展历程中面临的合规问题，后来发现这样的路径设计并不符合商业逻辑。现实中，灵工平台往往是发展到一定阶段之后，才会回过来考虑和“补救”合规的问题。因此，本书开篇以“理想”的灵工平台体系构建为先导；第一章梳理整个灵工平台行业普遍的合规风险与解决方案；紧接着在第二章中进一步探析解决方案的具体模式；然后通过第三章的典型案例解析说明上述风险的实际现状；针对灵工平台各种矛盾引发的争议，在第四章聚焦政府层面探讨如何通过释放一系列新政措施对行业进行监督和引导；第五章建立在之前章节的理解之上，与监管维度匹配后为具体行业提出的解决方案；最后一章是对整个行业的展望，分析和解读随着业务的延展，灵工平台在网络招聘和数据安全等层面合规的发展趋势。

在本书写作过程中，尽管笔者进行了反复讨论和修改，但是，由于水平所限，书中难免存在错漏之处，恳请读者批评指正。

法规缩略语表

简　称	全　称
《8765 号答复》	《国家税务总局对十三届全国人大三次会议第 8765 号建议的答复》
《保障条例(征求意见稿)》	《深圳经济特区税收管理和信息共享保障条例(征求意见稿)》
《登记规定》	《深圳经济特区商事登记若干规定》
《管理办法(征求意见稿)》	《广东省灵活就业人员用工服务管理办法(征求意见稿)》
《管理办法(正式稿)》	《广东省灵活就业人员服务管理办法(试行)》
《计税办法》	《个体工商户个人所得税计税办法》
《确立劳动关系的通知》	《劳动和社会保障部关于确立劳动关系有关事项的通知》
《指导意见》	《关于规范新就业形态下餐饮网约配送员劳动用工的指导意见(试行)》
《注册登记(征求意见稿)》	《平台经济集群注册登记管理办法(征求意见稿)》
《注册登记(正式稿)》	《平台经济集群注册登记管理办法》

目 录

开篇

灵工平台合规体系构建

灵活用工已成为当下极度热门的词汇。英国最高法院Uber案将司机在英国“三分法”模式的劳动法项下认定为worker（非employee）引起了国内灵工行业的广泛关注。

开篇在深度分析Uber案的基础上，探讨该案对我国劳动关系“二分法”的影响，本书开创性地总结出“灵工平台合规体系构建的核心解法”，即四重奏模型理论：平台应具备解决四大问题的核心功能——人的收益问题（解决收入及税收问题）、人的来源问题（解决招聘和人才流动问题）、人的管理问题（解决人和组织的关系问题）与人的社会保障问题（解决人的总体福利和社会稳定问题）。

从 Uber 案看灵工平台的合规体系构建

随着数字经济与平台经济的发展，以 Uber 为代表的平台对灵活就业人员（以下简称灵工人员）的管理已逐步突破最初的模式，呈现出“一体两面”的新样态：其一，平台业务的发展越来越依赖于灵工人员，为了极致的成本控制效果及更高的效率追求，通过强大的大数据能力及算法系统，对灵工人员施加着越来越严的影响，甚至是控制；其二，灵工人员自进入平台之时起，不得不受限于系统的算法及平台的管理，越来越丧失自主权与选择权，灵活属性显著降低。

随着该现象的加剧，灵工人员与灵活用工平台（以下简称灵工平台）的矛盾凸显。2021 年 2 月 19 日，英国最高法院裁定优步（Uber）司机为优步的“员工（worker）”，应当享受英国劳动法中对于 worker 的部分权益（以下简称 Uber 案）。虽然 worker 非“劳动者（employee）”，属于 employee（受英国劳动法的全面保护）与自雇者（self - employed，不受英国劳动法保护）的中间形态，仅可受到劳动法的部分保护（如最低工资、休息休假、职业危害防护等），但该裁定在就劳动关系的认定上采用“二分法”的我国的灵活用工行业引起了广泛关注。

我们在深度分析 Uber 案的基础上，探讨该案对我国劳动关系“二分法”的影响，同时在业内首次提出“灵工平台应该如何构建合规体系”。

一、Uber 案[①]对我国劳动关系“二分法”的影响

（一）Uber 案分析

英国最高法院在 Uber 案中判断司机系根据合同为 Uber 公司［指 Uber BV

① Uber BV and others（Appellants）v Aslam and others（Respondents）［2021］UKSC 5.

(Uber 总部公司)、UberLondon Ltd(Uber 英国伦敦子公司,负责伦敦地区的业务运营)、Uber Britannia Ltd(Uber 英国子公司,负责除伦敦地区外的业务运营)]服务,而非通过 Uber 公司运营的 Uber 平台仅仅为乘客服务,从而裁判司机属于 Uber 的 worker,核心在于五个方面,参见表 0 - 1。

表 0 - 1 英国最高法院 Uber 案裁判核心要点分析表

序号	事项	内容
1	Uber 确定(Fix)司机报酬	支付给司机的报酬是由 Uber 公司来确定的,司机没有话语权
2	Uber 决定(Dictate)与司机的合同条款	Uber 公司和司机之间的合同条款都是由 Uber 公司决定
3	Uber 限制(Constrain)司机接单	尽管司机可以自由选择何时何地工作,但是一旦他们登录 App 后,其对接单的选择即被 Uber 限制: (1)Uber 公司能控制信息,如司机在接单前看不到乘客的目的地信息。 (2)Uber 通过监控司机的接单率来控制司机,低于一定的接单率,就会收到 Uber 的警告信。如果司机的表现没有改进,则会被强制退出 App。
4	Uber 控制(Control)司机服务	Uber 在很大程度上控制司机完成服务的方式: (1)Uber 审查司机用车的型号。 (2)Uber 司机提供服务所必要的技术都由 Uber 拥有和控制,以此来管控司机: 接单后,Uber 会通过软件为司机推荐路线,虽不强制,但若乘客投诉司机不按推荐路线行驶,司机将面临收入损失的风险。 (3)Uber 根据乘客对司机的评分来监管司机,分数过低会导致警告或中止协议: 在 Uber 中,产品评分不会让乘客知晓,同时乘客也无法自主选择司机,评分仅用作内部指标考核司机表现和作为中止协议决定的基础来说明他们没有达到 Uber 设定的服务水平。 这是劳动关系中很明显的从属关系。

续表

序号	事项	内容
5	Uber 阻止(Prevent)司机单独联系乘客	Uber 限制司机和乘客之间的交流,并且禁止司机与乘客建立超过行程之外的联系: (1)乘客在打车时,Uber App 会自行配对司机,乘客没有选择权; (2)行程被接收后,乘客和司机所有的交流信息都被限制在行程信息范围内,仅在 Uber App 中进行交流,以此来阻止他们获得对方的信息; (3)针对支付费用等,乘客均是和 Uber 公司联系,例如发票都是 Uber 公司抬头; (4)Uber 公司严厉禁止司机和乘客交换联系方式,除非是因为乘客在车上遗落物品等特定情况,公司禁止司机在完成服务后联系乘客。

(二)对我国劳动关系“二分法”的思考

Uber 案将司机在英国“三分法”模式的劳动法项下认定为 worker(翻译为“劳动者”),虽 worker 并非 employee(翻译为“雇员”),但却引起国内灵工行业的困惑,究其核心在于我国劳动法采用的“二分法”模式,仅分为劳动关系和非劳动关系。“二分法”的区分方式对互联网平台企业的快速发展所产生的新用工形态构成了挑战。

如果将组织视为一个中心点,与其存在紧密劳动关系的各个劳动者即可视为在该组织外围被该组织辐射影响而形成的一个圆,圆形之外即为不存在劳动关系的广大灵工人员(如图 0-1 所示)。

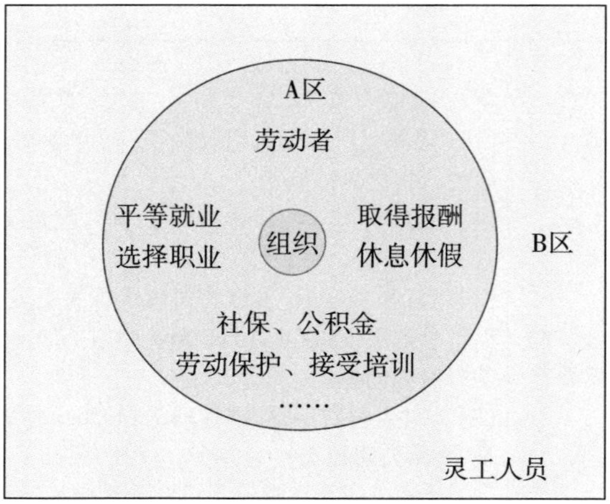

图 0 –1　劳动关系“二分法”展示图

灵活就业这种新业态作为人与组织紧密结合的劳动关系之外的有益补充，在一定程度上契合了社会发展状态、企业用工需求的转变及当代年轻人的心理特点。我们可以在现有的法律框架下，在司法实践中借鉴“三分法”模式，甚至在“三分法”的基础上，在一些特殊行业的细分领域场景（我们称之为以新用工形态为代表的中间地带）中，依据不同的服务类型及其社会保障需求程度，设置不同等级的用工模式及保障措施，如针对骑手等职业伤害或意外事故概率较高的服务类型，要求用工企业给予工伤保险、最低服务费、休息休假、职业危害防护等保障；针对带货主播、内容设计者等职业伤害或意外事故概率较低的服务类型，要求用工企业给予最低服务费等保障（如图 0 –2 所示）。

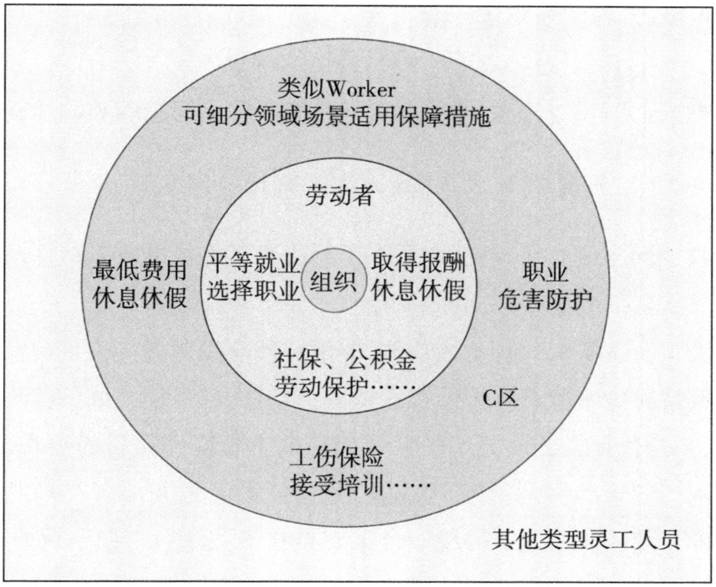

图 0－2　劳动关系"三分法"展示图

该劳动关系模型本质上是将"二分法"项下属于组织(用人单位)的与劳动保障相关的责任部分(图 0－1 之 A 区域),与广泛存在圈外无法享受到任何保障措施而可能影响社会稳定的部分(图 0－1 之 B 区域),进行切割并融合成类似英国劳动法项下"worker"的"中间地带"(图 0－2 之 C 区域),从而设计出数字时代劳动市场制度的"调节模式",探索出一条在数字经济与平台经济高速发展的情况下,既保护劳动者权益又有助于平台经济生态长期健康发展的新道路。

二、灵工平台的合规体系构建

现有《劳动法》和《劳动合同法》下,灵工人员社会保障问题亟待解决。因此,在国家全方位支持灵活就业的同时,各地政府也在寻找平衡发展和支持就业的举措。政府如何积极引导灵工平台,如何构建其合规体系,既满足现有的《劳动法》及《劳动合同法》法律框架,又能承载国家对就业人员在社会保障层面诉求的保障,最终实现整体社会和就业人员福利的提高,是一个亟待解决的问题。

我们提出:灵工平台合规体系需要具备解决四大问题的核心功能:

(一)功能1:人的收入结算(解决收入及税收问题)

人的收益问题核心在于税,本质在于解决灵工人员的收入结算及合法合规纳税并开具发票的问题。

目前大多灵工平台均具备该功能,但细究即会发现各灵工平台针对结算的服务费纳税解决方案及其合规性存在差异,典型的两种模式如下:

其一,委托代征模式。灵工平台受税源地主管税务部门的委托,依据其与主管税务部门签署的《委托代征协议》,代为征收灵工人员所获得的经营所得所应缴纳的增值税及个人所得税。合规要点在于关注《委托代征协议》的有效性、授权代征的范围、授权代征的税种及其对应的税率等事宜。

其二,个体工商户模式。灵工平台受灵工人员委托,为其代办设立个体工商户手续;灵工人员以个体工商户名义承接灵工平台分派的任务并对此纳税与开具发票。合规要点在于关注个体工商户代办设立的真实意愿及其设立的合规性、个体工商户享受的个人所得税政策(实践中各灵工平台多倾向于采取核定征收方式以低税率方式完税)的合规性及对应开票的合规性。

但无论是哪种模式,灵工平台初期通过该结算功能拓展客户,疏于对灵工人员提供服务的业务真实性的核验及合规的把控,容易涉嫌“虚开发票”“洗钱”等违法违规问题。

(二)功能2:人的来源(解决招聘和人才流动问题)

灵工平台的合规核心在于能否坐实业务的承揽关系(为免疑义,本书中承揽指广义承揽,不单纯指有名合同之承揽合同中定义的“承揽”;同时在书中提及的众包模式下的众包关系,与此承揽关系同义),而承揽的一大特征即灵工平台自主承接用工企业外包的业务后,自行提供服务或基于发包方的同意转包给第三方(灵工人员)。

现阶段,不少灵工平台的真实业务场景为发包方已筛选好相关灵工人员,基于与某灵工平台的合作,让灵工人员登录该灵工平台进行结算。此种模式下,灵工平台对灵工人员的筛选及合作关系的建立无任何决定权,较难体现承揽属性,容易被认定为“线下业务”的“线上结算”而应承担虚开发票等风险。

在招聘难的背景下,有些灵工平台基于其既往业务留存的灵工人员数据及用工需求方的需求,天然具备开展网络招聘业务的优势,纷纷将网络招聘作为下一个灵工业务爆发的突破口及完善业务合规的着力点,进行持续发力。

(三)功能3:人的管理(解决人和组织的关系问题)

人的管理问题核心在于解决人和组织的关系、管理关系和法律关系。其本质在于灵工平台参与到业务实质,灵工人员对灵工平台提供工作行程的承揽法律关系要清晰知晓并自愿接受,这属于灵工平台业务实质化的核心功能。

灵工平台多与灵工人员(或其成立的个体工商户)签订承揽协议,向灵工人员转包其从用工需求方处承接的具体业务。但在司法实践中,存在不少灵工人员要求确立劳动关系的典型司法案例,大致存在以下几种情形:

其一,以规避劳动关系为目的要求劳动者注册成为个体工商户的行为无效[①]。在该案中,法院认为,用工企业直接与劳动者签订了关于后者进行具体配送业务的协议,根据协议内容,对劳动者的配送工作进行直接控制、支配和管理,双方关系具备劳动合同关系的特征,二者签订所谓承揽服务合同及让该劳动者登记为个体工商户的做法可以反映出用工企业规避劳动合同关系法律关系风险的不当动机,相关规避劳动合同关系用人单位责任的合同内容和行为无效。

其二,过于笼统的承揽协议中无法认定劳动者以个体工商户名义履行承揽义务[②]。在该案中,法院认为,劳动者虽然与用工企业签订了承揽服务协议,但该承揽服务协议并没有明确约定具体的承揽标的、数量、质量、报酬、履行期限、验收标准和方法等内容,只是笼统的表述为“乙方应根据甲方的安排和合作单

① 广东省中山市中级人民法院(2020)粤20民终4447号民事判决书。
② 四川省成都市新都区人民法院(2020)川0114民初7675号民事判决书。

位的要求完成相关的服务”等，因此，法院根据劳动者实际工作情况，结合当庭陈述，认为不足以认定该劳动者存在以个体工商户身份履行与用工企业签订的案涉承揽服务协议的事实，判定该劳动者与用工企业存在劳动关系。

其三，发包方与转包方未公示的内部关系不可抗辩与劳动者的外部关系[①]。在该案中，法院认为，因发包方不能举证证明其与向劳动者转包业务的转包方的内部关系已向劳动者公示，故发包方以其与转包方之间的内部业务外包关系抗辩其与劳动者的外部关系不能成立。

由此可见，要实现构建“用工需求方业务外包灵工平台，以及灵工平台承接后再转包给灵工人员的法律关系”的合法性及稳定性，除了关注对应协议文本的约定内容外，更重要的是关注用工需求方对灵工人员实施的管理手段，灵工平台参与到业务实质，真正做到业务承揽及转包。

本项描述的非劳动关系下的人身管理是指把握管理尺度，在确保灵工平台不因对灵工人员施加影响而被认定与灵工人员存在事实劳动关系的前提下，灵工平台更多地参与到业务的实际开展与交付中，承担起业务承包与转包的实际功能，达到巩固灵活用工构建的法律关系项下的业务承揽关系的目的。

（四）功能4：人的社会保障（解决人的总体福利和社会稳定问题）

人的社会保障问题核心在于解决人的总体福利和社会稳定问题，本质在于基于可控成本优化灵工平台内灵工人员的福利，降低社会矛盾，使灵工人员安全指数及幸福指数增加，属于灵工平台可持续发展的必备功能。

任何一种新型法律关系的产生除了有特定的社会发展背景外，亦需要社会的认知共识，并通过科学的机制设计，平衡社会保障对应的成本在不同主体之间的分配。

国家已经在为此努力，人社部已就个人养老金制度形成初步思路，探讨建立以账户制为基础、个人自愿参加、国家财政从税收上给予支持，于资金上形成市场化投资运营的个人养老金制度。法律层面上，我国已加速探索研究，如广

---

① 广东省江门市中级人民法院（2020）粤07民终3836号民事判决书。

东省人力资源和社会保障厅、广东省财政厅出台的《广东省灵活就业人员服务管理办法(试行)》,首次在养老保险和工伤保险的社会保障方面作出突破;作为全国首批针对灵工人员出台的地方标准,天津市市场监督管理委员会发布的《共享经济平台灵活就业人员互联网管理与服务指南》,针对灵工人员管理与服务的基础要求、管理要求、服务要求、管理与服务机构的监督管理内容作出规定。同时,实践中如某头部灵工平台也已联合保险机构创新性地推出“新业态职业伤害责任险”等专门针对灵工人员的商业保险方案,以补足社会保险在该模式下的缺位。

结 语

英国最高法院 Uber 案将司机在英国“三分法”模式的劳动法项下认定为 worker(非 employee)。让我们思考学习“三分法”模式的现实价值,在 employee 与 self-employed 中间地带的细分领域场景,依据不同的服务类型及其社会保障需求程度,设置不同等级的用工模式及保障措施,以适应用工形态不断改变的数字时代的发展。

企业用工需求的调整及灵工人员社会保障负担的矛盾解决已刻不容缓,我们结合实践,给出的合规设计路径是灵工平台应当构建的完整的合规体系,应具备四大核心功能:人的收益(解决收入及税收问题)、人的来源(解决招聘和人才流动问题)、人的管理(解决人和组织的关系问题)与人的社会保障(解决人的总体福利和社会稳定问题),只有四大功能皆备才可以说是真正意义上的合规的灵工平台。

第一章

灵工平台的合规风险与解决方案

大数据监管时代，企业用工形式从1.0时代（传统“自给自足”的员工模式）过渡到2.0时代（将非核心业务剥离并外包给外部企业的外包模式）之后，又加速进入3.0时代（可将核心业务剥离的众包模式）。

在此变革时期，一方面，传统劳务平台寻求突破，但囿于模式壁垒，其提供的所谓解决方案并不能实质解决目前企业的痛点问题，反而存在税务法律风险隐患；另一方面，作为新经济业态，涌现出一大批打着“为企业降本增效”口号的灵工平台，然而，部分平台过度“灵活”，在业绩与合规之间无法抉择亦无力平衡，陷入“矛”与“盾”的博弈之中，扰乱了整个行业的合规有序经营。

为引导灵工行业健康有序发展，本章在剖析前述痛点的基础上，针对灵工平台“应如何坚守底线”；企业“应如何判断自身是否适合采取灵工模式，又该如何识别真假灵工平台”给出对应解决方案。

第一节 灵活用工模式的众包法律风险

企业用工模式已快速进入3.0时代:众包模式(本质法律关系为承揽关系)。众包模式下,灵工人员与用工企业形成平等主体之间的合作关系,但往往用工企业为便于验收灵工人员提供的服务质量,在其与灵工人员签署的服务合同中具体约定各项管理措施,甚至继续沿用传统劳动合同关系中对员工的管理方式与制度,在此种情况下,双方是否构成实质劳动关系?用工企业是否承担灵工人员个人所得税的扣缴义务?灵工人员的税赋成本?本书将在介绍众包模式的基础上,对比不同类型下灵工人员与用工企业之间的法律关系及税务风险。

社会经济、互联网技术的不断发展,推动社会生产资源的不断重组。企业用工从传统的全部“自给自足”的员工模式(1.0时代)已慢慢过渡到将企业非核心业务剥离并外包给外部企业的外包模式(2.0时代),现已迎来了可将核心业务剥离的众包模式(3.0时代)(如图1-1所示)。

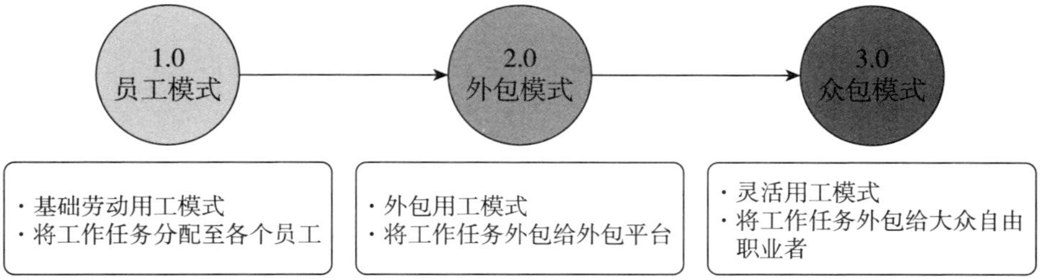

图1-1 企业用工模式演变图

员工模式、外包模式及众包模式并非非此即彼的替代关系,三者将在很长一段时间内同时存在。不可否认的是,众包正从微观层面重塑新的生产价值生态,个人释放潜力,企业释放占有性资源,在经历种种开放和重组之后,延伸为更庞大的商业共享网络，呈现以下三个特点：

其一，契合新生代强大的自我中心意识。众包模式下，自然人成为用工的最小单位，以灵工人员形式向需要服务的用工企业提供服务，从传统的用工者对提供服务者具有人身属性的管理关系转化为平等主体之间的合作关系。

其二，满足企业减少交易成本的需求。因互联网发展带来效率的极大提升，企业通过尽量减少交易成本的方式来设定组织的边界，必然造成企业将更多的内部工作转移给专业化的外部企业（外包），甚至通过互联网进行众包合作。

其三，符合社会生产价值极大释放的趋势。众包模式下，灵工人员可突破时间与空间的限制，不受办公场所及固定工作时间的约束；用工企业亦可于全世界范围内选择最低成本的服务，使社会生产价值不断释放。

然而，新的生产价值生态的产生对传统的劳动关系带来了挑战，引发了越来越多的互联网平台用工劳动争议纠纷（以北京市第三中级人民法院为例，其在审判实践中发现以互联网平台为主的新业态用工劳动争议案件数量总体呈上升趋势，特别是 2020 年新冠肺炎疫情以来，因新业态用工引发的劳动争议案件在短期内呈爆发式增长态势①）。本书将在分析众包模式下灵工人员与用工企业之间的法律关系的基础上，探析灵工人员税赋成本及用工企业的税务法律风险。

一、众包模式下灵工人员法律主体类型分析

灵工人员承接用工企业发布服务需求的法律主体类型对于判断灵工人员与用工企业之间的法律关系尤为重要。最简单的方式是直接以自然人身份与用工企业签署服务合同，承接用工企业发布的服务需求、实际提供服务并获得相应的服务报酬。

实践中，由于用工企业基于灵工人员提供的服务向灵工人员支付报酬时，

---

① 北京市第三中级人民法院：载北京法院网 http://bjgy.chinacourt.gov.cn/article/detail/2021/04/id/6011202.shtml，发布时间：2021 年 4 月 29 日，最后访问时间：2021 年 6 月 13 日。

为了将该实际发生的支出计入成本，往往要求灵工人员提供合法有效的增值税发票，以便依据税收相关法律规定在计算应纳税所得额时扣除，或在取得增值税专用发票计作进项税额用以抵扣销项税额、降低增值税应纳税额。然而，以自然人身份直接承接服务的灵工人员因为并非属于可自行开具增值税发票的纳税人，因此实务中只能向税务机关申请代开。为便于服务报酬的结算及发票的开具，灵工人员出现了另一种承接服务的法律主体形式，即经依法登记成为个体工商户/个人独资企业等法律主体。在此种形式下，灵工人员以个体工商户/个人独资企业等其他法律主体形式承接企业发派的服务需求、履行服务、获取服务费，并可以自行向企业开具发票。

以上两种类型如表1－1所示：

表1－1 灵工人员的两种开票类型对比表

类型	灵工人员承接服务的法律主体形式	开票
类型一	自然人	向税务机关申请代开
类型二	非自然人 （个体工商户/个人独资企业等）	自行开具发票

二、众包模式下灵工人员与用工企业的法律关系及税务风险

（一）自然人类型灵工人员与用工企业的法律关系及税务风险

1. 法律关系

在灵工人员以自然人身份直接与用工企业签署服务/合作合同的情况下，实践中依然存在不少被判定该灵工人员与用工企业存在劳动关系的案例，如宁波市鄞州丽宁房地产经纪有限公司（以下简称丽宁公司）与马某某、黄某某等确认劳动关系纠纷案：

根据丽宁公司与马某某、黄某某等确认劳动关系纠纷二审民事判决书［（2014）浙甬民一终字第346号］，黄某娟（系上诉人马某某母亲及黄某某、曹某某女儿）与丽宁公司签订《合作协议》，对双方的合作内容、合作形式、合作期

限、收入分成、费用承担、责任义务等作出约定。后黄某娟于2012年发生交通事故死亡。2013年,马某某、黄某某、曹某某向宁波市鄞州区劳动人事争议仲裁委员会申请仲裁,要求确认黄某娟与丽宁公司在2012年2月22日至2012年9月9日期间存在劳动关系,得到仲裁委员会支持。后丽宁公司不服,诉至法院。该案的主要争议焦点为丽宁公司与黄某娟之间属于业务合作关系还是劳动关系。二审法院认为:“从丽宁公司与黄某娟签订的《合作协议》及合同附件来看,该协议除对黄某娟的工作内容、报酬分配等内容作出约定外,还确定了业务指标、工作纪律与奖惩、入职培训、着装规范等内容,协议的大部分内容是对黄某娟的权利义务的约定,而这些权利义务均体现出丽宁公司与黄某娟之间的管理与被管理关系。从黄某娟实际开展业务的情况来看,黄某娟提供的劳动力与丽宁公司提供的办公场所、信息资源等生产资料相结合,实现劳动过程。而黄某娟只是在提供劳动后,由丽宁公司根据其工作业绩按月支付报酬。黄某娟提供的仅仅是劳动力,与丽宁公司之间不存在合作的基础”,因而判定双方之间存在事实劳动关系。

由此案可以看出,在类型一的情况下,灵工人员与用工企业签署了合作协议,不能天然阻断劳动关系的成立,判定的关键在于协议中是否约定了要求灵工人员遵守公司规章制度的条款,以及在实际用工过程中是否体现出用工企业对于灵工人员的强人身管理。

2. 税务风险

根据《个人所得税法》的规定,居民个人取得劳务报酬所得计入综合所得,按纳税年度合并计算个人所得税,并适用3%至45%的超额累进税率。目前,《个人所得税法》及相关规定中,对于个人服务收入在劳务报酬和经营所得上的区分和判定比较模糊,而用工企业系该灵工人员的劳务报酬所得的扣缴义务人,具有法定的代扣代缴义务。依据《税收征收管理法》的规定,扣缴义务人未按照规定期限解缴税款的,税务机关除责令限期缴纳外,从滞纳税款之日起,按日加收滞纳税款0.05%的滞纳金。

因此,在此类型的劳务报酬认定前提下,用工企业的用工成本相较于传统的员工模式,并不具有优势,亦存在被判定存在劳动关系的可能。

（二）非自然人类型灵工人员与用工企业的法律关系及税务风险

1. 法律关系

在类型二灵工人员以非自然人身份（个体工商户、个人独资企业等法律主体类型）与用工企业签署服务合同的情况下，双方无法直接构成劳动关系：

根据《劳动和社会保障部关于确立劳动关系有关事项的通知》（以下简称《确立劳动关系的通知》）的规定，用人单位招用劳动者未订立书面劳动合同，但同时具备下列情形的，劳动关系成立。（1）用人单位和劳动者符合法律、法规规定的主体资格；（2）用人单位依法制定的各项劳动规章制度适用于劳动者，劳动者受用人单位的劳动管理，从事用人单位安排的有报酬的劳动；（3）劳动者提供的劳动是用人单位业务的组成部分。

在类型二的情况下，灵工人员的主体形式为个体工商户或个人独资企业等法律主体，并非自然人，不符合构成劳动关系中劳动者自然人的主体形式。

根据《确立劳动关系的通知》规定，用人单位未与劳动者签订劳动合同，认定双方存在劳动关系时可参照下列凭证：（1）工资支付凭证或记录（职工工资发放花名册）、缴纳各项社会保险费的记录；（2）用人单位向劳动者发放的“工作证”“服务证”等能够证明身份的证件；（3）劳动者填写的用人单位招工招聘“登记表”“报名表”等招用记录；（4）考勤记录；（5）其他劳动者的证言等。

在类型二的情况下，用工企业为便于验收灵工人员提供服务的质量，往往会在其与灵工人员签署的服务合同中具体约定所需达到的服务标准、服务条件、管理约束措施等，但这并不构成前述规定的可认定双方存在劳动关系的凭证。

因此，若无其他可证明双方存在劳动关系的证据，灵工人员与用工企业无法构成劳动关系，灵工人员将自行通过其成立的个体工商户或个人独资企业等法律主体缴纳社会保险及住房公积金等。

2. 税务风险

根据《个人所得税法实施条例》的规定，个体工商户从事生产、经营活动取得的所得，个人独资企业投资人来源于境内注册的个人独资企业生产、经营的

所得均属于经营所得,适用5%至35%的超额累进税率。在类型二的情况下,以个体工商户与个人独资企业形式为例:

(1)自行申报

根据《个体工商户个人所得税计税办法》(以下简称《计税办法》)的规定,个体工商户以业主为个人所得税纳税义务人。

根据《国务院关于个人独资企业和合伙企业征收所得税问题的通知》的规定,个人独资企业投资者的生产经营所得,比照个体工商户的生产、经营所得征收个人所得税。

(2)核定征收

根据《个体工商户税收定期定额征收管理办法》的规定,经主管税务机关认定和县以上税务机关批准的生产、经营规模小,达不到《个体工商户建账管理暂行办法》规定设置账簿标准的个体工商户,税务机关对其在一定经营地点、一定经营时期、一定经营范围内的应纳税经营额(包括经营数量)或所得额进行核定,采取核定征收。个人独资企业的税款征收管理亦比照该办法执行。

由此可见,用工企业并非灵工人员的扣缴义务人,灵工人员应自行申报纳税。同时,若其个体工商户或个人独资企业达不到建账标准,亦可进行核定征收。

综上所述,在类型二的情况下,灵工人员与用工企业无法直接构成劳动关系,由灵工人员自行申报纳税,满足条件的,可以进行核定征收。

三、结语

随着社会生产资源的不断重组,用工成本的不断增长,企业用工已在众多领域进入众包模式:灵工人员向需要服务的用工企业提供服务,从传统的劳动关系转化为平等主体之间的合作关系,不仅契合新生代强大的自我中心意识,满足企业减少交易成本的需求,亦可突破时间(工作时间)与空间(办公场所)的限制,极大地释放社会生产价值。

依据灵工人员的众包模式类型可分为两类:自然人类型与非自然人类型。

1. 在自然人类型下，用工企业依旧为法定的扣缴义务人（劳务报酬所得适用3%至45%的超额累进税率），其用工成本相较于传统的员工模式，并不明显具有优势，亦存在被判定存在劳动关系的可能。

2. 在非自然人类型下，灵工人员以其个体工商户或个人独资企业为服务合同签约主体、服务履行主体、服务费收取主体及开票主体，并自行申报纳税。灵工人员与用工企业无法直接构成劳动关系，用工企业亦非扣缴义务人。同时若个体工商户或个人独资企业达不到建账标准，亦可进行核定征收。

除与灵工人员直接建立灵活用工关系外，用工企业亦可考虑与第三方灵工平台合作，由第三方灵工平台承揽后再分包给灵工人员承接。在该模式下，用工企业与灵工平台之间为合作关系，向灵工平台支付服务费，灵工平台据此向用工企业开具增值税专用发票；用工企业与灵工人员之间则不再存在直接的法律关系，转由灵工平台对其进行管理。

第二节　灵活用工的税务法律风险

上一节我们重点分析了灵活用工模式的众包特性，其正好与2019年7月17日李克强总理主持召开的国务院常务会议内容契合，会议首次明确提出支持平台经济健康发展的措施，壮大优结构、促升级、增就业的新动能，指出完善平台企业用工、灵工人员相关政策。这预示着国家将出台相关政策对企业用工加以引导规范。

本节旨在对现有的灵活用工模式类型进行分析，指出灵活用工带来的核心税务法律风险。

自“金税三期”系统上线、《个人所得税法》修改实施、银行加强“公转私”管理以来，用工企业纷纷将劳务用工外包给第三方灵工平台，劳动者不再与用工企业建立直接的劳动关系或劳务关系，而作为与第三方灵工平台建立合作关系的灵工人员，则通过向第三方灵工平台提供服务来换取报酬。

基于《个人所得税法》的规定，个人劳务报酬所得属于综合所得，适用3%～45%的超额累进税率①。因此，不少并非真正意义上的灵工平台纷纷推出了所谓的“灵活用工解决方案”，目标是将工资薪金和劳务所得转变为经营所得，从而降低税赋。但是，该解决方案大多存在劳动合同法和税法上的违规风险。

---

① 《个人所得税法》第2条：下列各项个人所得，应当缴纳个人所得税：（一）工资、薪金所得；（二）劳务报酬所得；（三）稿酬所得；（四）特许权使用费所得；（五）经营所得；（六）利息、股息、红利所得；（七）财产租赁所得；（八）财产转让所得；（九）偶然所得。

居民个人取得前款第一项至第四项所得（以下称综合所得），按纳税年度合并计算个人所得税；非居民个人取得前款第一项至第四项所得，按月或者按次分项计算个人所得税。纳税人取得前款第五项至第九项所得，依照本法规定分别计算个人所得税。

第3条第1项：个人所得税的税率：（一）综合所得，适用百分之三至百分之四十五的超额累进税率。

一、典型众包模式介绍

众包模式涉及用工企业、灵工平台和灵工人员三方主体，通常是由用工企业作为外包方在灵工平台上外包任务，将支付给灵工人员的服务费及灵工平台的服务费打包支付给灵工平台，灵工平台会向用工企业开具全额的增值税专用发票（税率为6%），之后再由灵工平台转包给灵工人员承揽业务，通过各种方式将其劳务所得转化为经营所得，并适用个人所得税核定征收，以达到所谓的节税目的。

1. 模式一：灵工人员以自然人身份承揽业务

某些灵工平台声称其获得当地主管税务部门授权，灵工人员可直接以自然人身份承揽业务，其个人所得税可直接适用核定征收，由灵工平台依据委托代征向灵工人员征收个人所得税，在向灵工人员发放报酬时直接扣除并缴纳。然而，灵工平台往往无法提供书面的委托代征凭证，其是否真的受到委托也无从查证。该模式具体运作如图1－2所示：

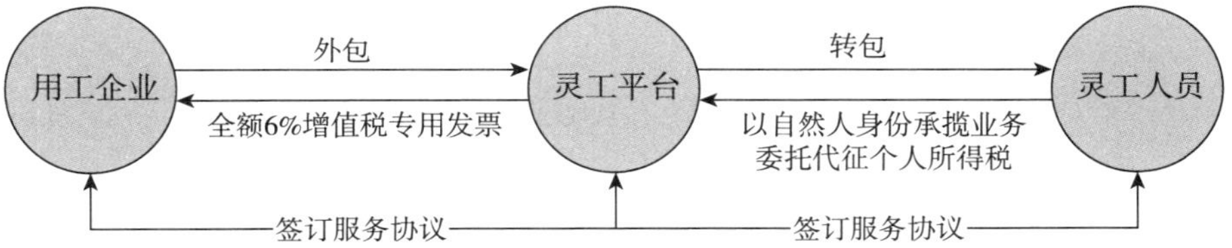

图1－2　以自然人身份承揽业务模式运作图

2. 模式二：灵工人员作为临时从事生产、经营的自然人承揽业务

亦存在某些灵工平台依据地方主管税务部门出具的个人所得税核定征收相关文件（如山东、黑龙江、深圳等地），将灵工人员视为“未办理税务登记证件的临时从事生产、经营的自然人纳税人”，对其所得视为“个体工商户生产、经营所得”，从而适用核定征收，同时，增值税可依据2021年《国家税务总局关于小规模纳税人免征增值税征管问题的公告》适用小规模纳税人的增值税优惠

政策①。具体运作模式如图 1 – 3 所示：

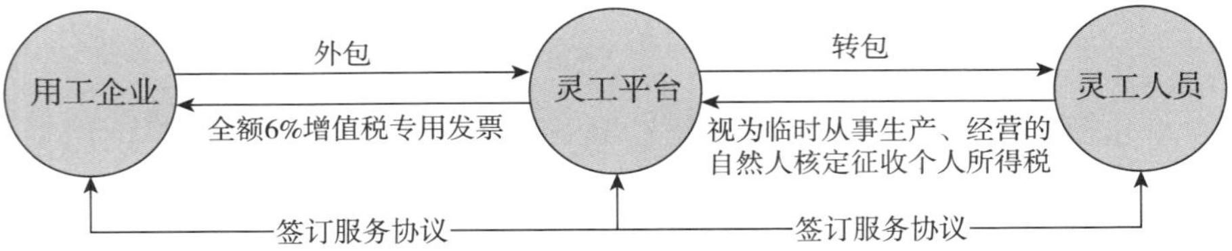

图 1 – 3　以临时从事生产、经营的自然人承揽业务模式运作图

在该种模式下，灵工人员是否确实可被认定为“临时从事生产、经营的自然人纳税人”，并不能简单地从有关个人所得税核定征收相关文件中得到肯定的答案。灵工平台直接据此将灵工人员的劳务所得“一揽子”转化为经营所得适用核定征收，在现行法律体系下缺乏明确规定，存在合规风险。

3. 模式三：灵工人员转化为个体工商户承揽业务

在该种模式下，灵工平台帮助用工企业平台上的灵工人员注册市场主体（一般为个体工商户），灵工人员以个体工商户的名义在灵工平台承接企业转包的业务。灵工人员可通过提现至个人银行卡的方式获取服务费，并向灵工平台开具增值税普通发票。该种模式下，原来的 B2B2C 转变为 B2B2B，形成三方合作关系。此时个体工商户往往满足小规模纳税人的认定条件，适用小规模纳税人的增值税优惠政策，个人所得税依据相关税法文件适用核定征收。

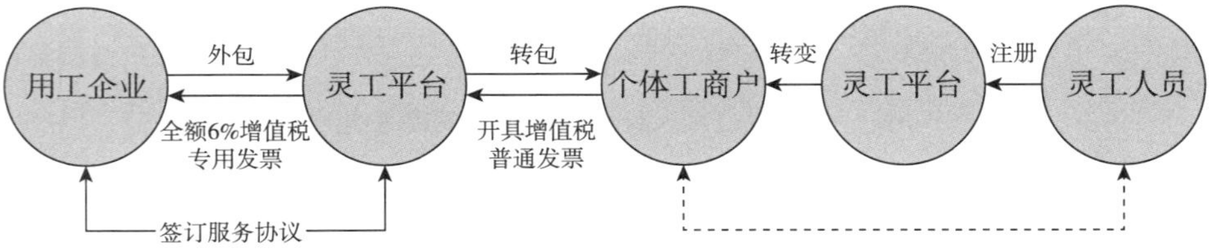

图 1 – 4　转化为个体工商户承揽业务模式运作图

① 《国家税务总局关于小规模纳税人免征增值税征管问题的公告》第 1 条：小规模纳税人发生增值税应税销售行为，合计月销售额未超过 15 万元（以 1 个季度为 1 个纳税期的，季度销售额未超过 45 万元）的，免征增值税。

小规模纳税人发生增值税应税销售行为，合计月销售额超过 15 万元，但扣除本期发生的销售不动产的销售额后未超过 15 万元的，其销售货物、劳务、服务、无形资产取得的销售额免征增值税。

但是，灵工人员是通过其所设立的个体工商户的名义承揽业务，服务费也应当提现至该个体工商户所设立的对公账户。灵工人员将服务费提现至其个人账户的行为，亦存在合规风险。

二、众包外包模式下税务法律风险评析

1. 前述三模式个性风险

(1)模式一雷区：委托代征依据存疑

图1-5 模式一雷区展示图

依据《税收征收管理法实施细则》第44条的规定，税务机关根据有利于税收控管和方便纳税的原则，可以按照国家有关规定委托有关单位和人员代征零星分散和异地缴纳的税收，并发给委托代征证书。受托单位和人员按照代征证书的要求，以税务机关的名义依法征收税款。依据《委托代征管理办法》第10条、第11条的规定，税务机关委托代征的，应当与代征人签订《委托代征协议书》，向代征人发放《委托代征证书》，并会公告代征人的委托代征资格和《委托代征协议书》的内容(包括委托代征的范围、期限、税种及税率等事项)。

模式一中不少灵工平台往往无法提供其声称具有的地方主管税务部门出具的委托代征证书或其他相关文件，亦无法通过官方公告、电话咨询等途径加以验证。

根据《税收征收管理法》的规定，因纳税人、扣缴义务人计算错误等失误，未缴或者少缴税款的，税务机关在3年内可以追征税款、滞纳金；有特殊情况的，追征期可以延长到5年。此种模式下，存在被主管税务部门追缴税款并处以罚款的风险。

（2）模式二雷区：将劳务所得“一揽子”转化为经营所得适用核定征收无法律依据

图1－6　模式二运作雷区展示图

模式二的灵工平台将灵工人员的劳务所得直接转化为个体工商户的经营所得的法律依据是《计税办法》第3条的规定，即灵工人员作为“其他从事个体生产、经营的个人”，为个体工商户承接劳务服务；同时依据《税收征收管理法》第35条的规定，对于不设置账簿的纳税人，税务机关有权核定其应纳税额。

但《计税办法》的适用主体是实行查账征收的个体工商户。灵工平台选择灵工人员适用核定征收方式，正是因为其未设置账簿，这显然与法律规定不符。因此，灵工人员实质上并不能直接依据《计税办法》采用视为个体工商户以经营所得计算个人所得税的逻辑，更无法适用小规模纳税人所享受的相关增值税优惠政策及个人所得税的核定征收政策。

此外，灵工人员是否认定为“临时从事生产、经营的自然人”从而将其所得转化为经营所得的关键，在于对“临时”的理解。由于目前仅有少数地方主管税务部门出台了类似政策且未对“临时”作出明确解释，这导致理论和实践上也存在一定争议，以致不少灵工平台“有机可乘”。然而，依据《税收征收管理法》的规定，若因税务机关的责任，致使纳税人、扣缴义务人未缴或者少缴税款的，税务机关在3年内仍可以要求纳税人、扣缴义务人补缴税款（不得加收滞纳金）。

（3）模式三雷区：以灵工人员个人账户进行提现于法无据

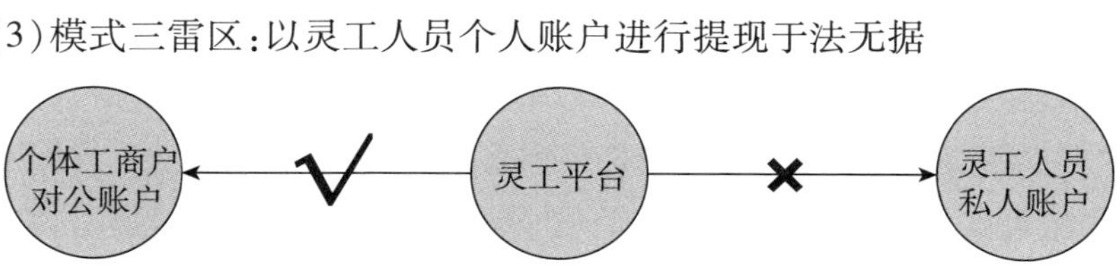

图1－7　模式三运作雷区展示图

在模式三中，灵工平台将灵工人员转化为个体工商户，确实属于合理地将所得转变为经营所得，但由于开立对公账户时，银行往往要求灵工人员本人携带身份证原件进行现场办理，办理流程也较为复杂，因而灵工人员获取佣金的方式往往是直接提现至个人的银行卡中，对此，灵工平台的说法是：将个体工商户的个人银行卡视同为对公账户。

依据《税收征收管理法》第 15 条、第 17 条的规定，从事生产、经营的纳税人应当按照国家有关规定，持税务登记证件，在银行或者其他金融机构开立基本存款账户和其他存款账户，并将其全部账号向税务机关报告。未按照规定将全部银行账号向税务机关报告的，由税务机关责令限期改正，并处以 1 万元以下的罚款。

依照该规定，灵工人员所设立的个体工商户理应办理对公账户，且服务费也应当提现至对公账户而非其私人账户。同时，在"金税三期"的大背景下，银行对"公转私"的监管也愈加严格，各大银行均开始限制企业基本存款账户向个人银行结算账户支付款项的金额，超出限额的，企业还需要向银行出具付款凭据。无法提供凭据的或提供的凭据无法说明付款用途的真实性及合法性的，银行可直接拒绝办理。

2. 前述三模式共性风险：涉嫌虚开增值税专用发票

在前述三种模式中，用工企业均可获得灵工平台开具的增值税专用发票以抵扣税费，降低企业用工成本。但其向用工企业开具的增值税专用发票的内容大多为"技术服务费"等，并未依据实际提供的服务内容开具对应的发票。

依据《发票管理办法》第 22 条及第 37 条的规定，为他人、为自己开具与实际经营业务情况不符的发票的，属于虚开发票行为，由税务机关没收违法所得；虚开金额在 1 万元以下的，可以并处 5 万元以下的罚款；虚开金额超过 1 万元的，并处 5 万元以上 50 万元以下的罚款；情节严重的，甚至可能依据《刑法》第 205 条的规定，构成虚开增值税专用发票罪。

三、结语

目前大多数灵工平台提供的所谓解决方案并不能实质解决目前用工企业

灵活用工的痛点问题，反而存在税务法律风险隐患。当然，也不乏一些正规的平台服务商将灵工人员合法合规地转化为个体工商户，并为其开立对公账户，以个体工商户进行实质的业务经营，适用核定征收及相关税收优惠政策。

第三节 灵工平台的刑事、行政、民事法律风险

一、灵活用工行业的合规边界

作为新经济业态,灵活用工行业正处于高速发展期,各类打着"为用工企业降本增效"口号的灵工平台如雨后春笋般涌现,然而,由于新兴行业的合规监管相对迟缓,部分灵工平台出现较大合规风险,扰乱了整个行业的合规有序经营。基于此现状,本节我们聚焦灵工平台的责任界限,通过梳理相关法律法规,准确有效地界定灵活用工行业的合规边界,明确灵工平台企业内部法律责任的划分界限,为灵活用工行业平台建立风控机制提供合规建议,引导行业健康有序发展。

目前,灵工平台的主要运营模式为众包模式,即灵工平台自用工企业(指服务需求方)处承揽业务后众包给灵工人员(指服务提供方,包括灵工人员或其设立的个体工商户),由灵工人员实际承揽业务。然而,在实践中,虽然有不少灵工平台声称自己走的是"众包模式",但其平台内并未提供服务交付与验收的功能,其本质只是为用工企业发佣提供结算服务,并不审核业务真实性,这就为后续业务运营埋下了法律隐患。

对此,我们系统性地梳理了与灵活用工相关的法律法规,通过准确挖掘灵活用工的风险点,来厘清灵活用工行业的合规边界:

(一)合规边界之一:虚开发票

实践中,不少灵工平台为了追求业绩,会向用工企业宣导其可以通过该灵工平台向劳动关系项下的员工发放工资,以达到降低用工成本及用工责任的目的。在该种情形下,用工企业、灵工平台及灵工人员之间所谓达成的"合作关

系”,实际上属于虚构交易。灵工平台基于不真实的交易基础向用工企业开具发票,构成虚开发票的行为。

1. 刑事责任

根据《刑法》规定,虚开增值税专用发票①的,处 3 年以下有期徒刑或者拘役,并处 2 万元以上 20 万元以下罚金;虚开的税款数额较大或者有其他严重情节的,处 3 年以上 10 年以下有期徒刑,并处 5 万元以上 50 万元以下罚金;虚开的税款数额巨大或者有其他特别严重情节的,处 10 年以上有期徒刑或者无期徒刑,并处 5 万元以上 50 万元以下罚金或者没收财产。

其中,单位犯本条规定之罪的,对单位判处罚金,并对其直接负责的主管人员和其他直接责任人员,处 3 年以下有期徒刑或者拘役;虚开的税款数额较大或者有其他严重情节的,处 3 年以上 10 年以下有期徒刑;虚开的税款数额巨大或者有其他特别严重情节的,处 10 年以上有期徒刑或者无期徒刑。

针对虚开增值税普通发票的行为,情节严重的,处 2 年以下有期徒刑、拘役或者管制,并处罚金;情节特别严重的,处 2 年以上 7 年以下有期徒刑,并处罚金。单位犯前款罪的,对单位判处罚金,并对其直接负责的主管人员和其他直接责任人员,依照前款的规定处罚。

由此可见,无论是虚开增值税专用发票还是普通发票,如构成刑事犯罪,除平台自身受到相应刑事处罚外,对平台直接负责的主管人员和其他责任人员亦将视犯罪情节轻重受到拘役、有期徒刑等处罚。

2. 行政责任

根据《发票管理办法》的规定,任何单位和个人不得有下列虚开发票行为:为他人、为自己开具与实际经营业务情况不符的发票;让他人为自己开具与实际经营业务情况不符的发票;介绍他人开具与实际经营业务情况不符的发票。违反规定虚开发票的,由税务机关没收违法所得;虚开金额在 1 万元以下的,可以并处 5 万元以下的罚款;虚开金额超过 1 万元的,并处 5 万元以上 50 万元以下的罚款;构成犯罪的,依法追究刑事责任。非法代开发票的,依照前款规定

① 虚开增值税专用发票,是指有为他人虚开、为自己虚开、让他人为自己虚开、介绍他人虚开行为之一的。

处罚。

因此，在不具备真实交易基础的情况下，无论是灵工平台向用工企业开票，亦或灵工平台受灵工人员委托代为向自己开票，均将构成虚开增值税发票，并受到相应行政处罚。

3. 民事责任

灵工平台一般会与用工企业约定为用工企业开具等额有效的增值税发票。然而，一旦灵工平台开出的发票因虚开被认定为不合规发票，灵工平台存在被用工企业起诉要求依据协议约定承担相应民事违约责任的风险。

另外，对于部分提供撮合业务的灵工平台而言，虽然其并非向用工企业开具发票的主体（而是灵工人员），但如果灵工平台明知用工企业与灵工人员之间不存在真实交易基础仍提供撮合服务的，则其亦有可能构成“介绍他人虚开行为之一”的行为，承担虚开增值税发票相应法律责任。

（二）合规边界之二：洗钱

目前存在不少不法分子利用灵工平台不核查业务真实性的漏洞，进行洗钱，将非法资金代发到个人账户并完税。对于该等洗钱行为，灵工平台将面临以下法律责任：

1. 刑事责任

根据《刑法》的规定，明知是毒品犯罪、黑社会性质的组织犯罪、恐怖活动犯罪、走私犯罪、贪污贿赂犯罪、破坏金融管理秩序犯罪、金融诈骗犯罪的所得及其产生的收益，为掩饰、隐瞒其来源和性质，而有下列行为之一的，构成洗钱罪：（1）提供资金账户的；（2）将财产转换为现金、金融票据、有价证券的；（3）通过转账或者其他结算方式转移资金的；（4）跨境转移资产的；（5）以其他方法掩饰、隐瞒犯罪所得及其收益的来源和性质的。

针对洗钱罪，《刑法》规定予以没收实施以上犯罪的所得及其产生的收益，处 5 年以下有期徒刑或者拘役，并处或者单处罚金；情节严重的，处 5 年以上 10 年以下有期徒刑，并处罚金。

如单位犯前款罪的，对单位判处罚金，并对其直接负责的主管人员和其他直接责任人员，处5年以下有期徒刑或者拘役；情节严重的，处5年以上10年以下有期徒刑。

若灵工平台系为前述《刑法》规定的七类犯罪提供洗钱行为，则可能构成洗钱罪，除平台自身受到相应刑事处罚外，对平台直接负责的主管人员和其他责任人员，亦将视犯罪情节轻重受到拘役、有期徒刑的处罚。

2. 行政责任

根据《金融机构大额交易和可疑交易报告管理办法》的规定，金融机构发现或者有合理理由怀疑客户、客户的资金或者其他资产、客户的交易或者试图进行的交易与洗钱、恐怖融资等犯罪活动相关的，不论所涉资金金额或者资产价值大小，应当提交可疑交易报告。

根据《中国人民银行关于加强开户管理及可疑交易报告后续控制措施的通知》的规定，各金融机构和支付机构在报送可疑交易报告后，对可疑交易报告所涉客户、账户（或资金）和金融业务及时采取适当的后续控制措施，包括但不限于：(1)对可疑交易报告所涉客户及交易开展持续监控，若可疑交易活动持续发生，则定期（如每3个月）或额外提交报告；(2)提升客户风险等级，并根据《金融机构洗钱和恐怖融资风险评估及客户分类管理指引》及相关内控制度规定采取相应的控制措施；(3)经机构高层审批后采取措施限制客户或账户的交易方式、规模、频率等，特别是客户通过非柜面方式办理业务的金额、次数和业务类型；(4)经机构高层审批后拒绝提供金融服务乃至终止业务关系；(5)向相关金融监管部门报告；(6)向相关侦查机关报案。

大部分灵工平台为提高结算效率或在撮合模式下提供资金代收代付服务但无支付业务许可证，其往往与银行合作，为用工企业或灵工人员设立账户用于资金结算。若灵工平台与用工企业及灵工人员的结算行为被金融机构认定为可疑交易，将会被金融机构采取相应控制措施。

3. 民事责任

若灵工平台因为用工企业提供非法结算行为，导致资金账户被采取冻结等控制措施而无法依据其双方协议约定按时发放资金，将会影响对灵工人员的服务费结算，将需因此向灵工人员承担相应民事违约责任。

（三）合规边界之三：偷逃税

对于不符合灵活用工场景下的交易，灵工人员自灵工平台取得的收入实质上属于工资薪金或劳务报酬所得，应依法按照个人综合所得适用的3% ~45%超额累进税率缴纳个人所得税。然而，这部分收入在实践中往往被灵工平台直接视为“经营所得”，以适用其平台所在税源地的个人所得税核定征收政策，从而为灵工人员进行“低税率完税”，少缴个人所得税。

对于灵工平台而言，如果其明知灵工人员的收入不符合经营所得的性质而为其收入进行核定征收，亦可能认定为与灵工人员共同偷税行为，将承担以下法律风险：

1. 刑事责任

根据《刑法》的规定，纳税人采取欺骗、隐瞒手段进行虚假纳税申报或者不申报，逃避缴纳税款数额较大并且占应纳税额10%以上的，处3年以下有期徒刑或者拘役，并处罚金；数额巨大并且占应纳税额30%以上的，处3年以上7年以下有期徒刑，并处罚金。对多次实施前两款行为，未经处理的，按照累计数额计算。有前款行为，经税务机关依法下达追缴通知后，补缴应纳税款，缴纳滞纳金，已受行政处罚的，不予追究刑事责任；但是，5年内因逃避缴纳税款受过刑事处罚或者被税务机关给予2次以上行政处罚的除外。

2. 行政责任

根据《税收征收管理法》的规定，纳税人伪造、变造、隐匿、擅自销毁帐簿、记帐凭证，或者在帐簿上多列支出或者不列、少列收入，或者经税务机关通知申报而拒不申报或者进行虚假的纳税申报，不缴或者少缴应纳税款的，是偷税。对纳税人偷税的，由税务机关追缴其不缴或者少缴的税款、滞纳金，并处不缴或者少缴的税款50%以上5倍以下的罚款；构成犯罪的，依法追究刑事责任。

3. 民事责任

在灵工平台无明确法律依据将灵工人员的“劳务报酬”“工资、薪金”等收入纳入“经营所得”应税项目的情况下，适用个人所得税核定征收政策，存在被用工企业及灵工人员要求承担民事违约责任的风险。

(四)合规边界之四:侵犯个人信息

无论是个体工商户模式还是自然人模式,灵活用工业务的顺利开展都离不开收集和使用灵工人员的个人信息。然而,如果灵工平台未履行相应个人信息保护义务,甚至对外非法出售或提供该等个人信息,则可能面临相应法律责任:

1. 刑事责任

根据《刑法》的规定,违反国家有关规定,向他人出售或者提供公民个人信息,情节严重的,处3年以下有期徒刑或者拘役,并处或者单处罚金;情节特别严重的,处3年以上7年以下有期徒刑,并处罚金。违反国家有关规定,将在履行职责或者提供服务过程中获得的公民个人信息,出售或者提供给他人的,依照前款的规定从重处罚。窃取或者以其他方法非法获取公民个人信息的,依照第1款的规定处罚。单位犯前3款罪的,对单位判处罚金,并对其直接负责的主管人员和其他直接责任人员,依照各该款的规定处罚。

2. 行政责任

根据《网络安全法》的规定,网络运营者、网络产品或者服务的提供者侵害个人信息依法得到保护的权利的,由有关主管部门责令改正,可以根据情节单处或者并处警告、没收违法所得、处违法所得1倍以上10倍以下罚款,没有违法所得的,处100万元以下罚款,对直接负责的主管人员和其他直接责任人员处1万元以上10万元以下罚款;情节严重的,并可以责令暂停相关业务、停业整顿、关闭网站、吊销相关业务许可证或者吊销营业执照;窃取或者以其他非法方式获取、非法出售或者非法向他人提供个人信息,尚不构成犯罪的,由公安机关没收违法所得,并处违法所得1倍以上10倍以下罚款,没有违法所得的,处100万元以下罚款。

根据《电信和互联网用户个人信息保护规定》的规定,电信业务经营者、互联网信息服务提供者违反该规定第 9 条至第 11 条[①]规定的，由电信管理机构依据职权责令限期改正，予以警告，可以并处 1 万元以上 3 万元以下的罚款，向社会公告；构成犯罪的，依法追究刑事责任。

3. 民事责任

根据《民法典》的规定，自然人的个人信息受法律保护。个人信息是以电子或者其他方式记录的能够单独或者与其他信息结合识别特定自然人的各种信息，包括自然人的姓名、出生日期、身份证件号码、生物识别信息、住址、电话号码、电子邮箱、健康信息、行踪信息等。个人信息中的私密信息，适用有关隐私权的规定；没有规定的，适用有关个人信息保护的规定。

信息处理者不得泄露或者篡改其收集、存储的个人信息；未经自然人同意，不得向他人非法提供其个人信息，但是经过加工无法识别特定个人且不能复原的除外。信息处理者应当采取技术措施和其他必要措施，确保其收集、存储的个人信息安全，防止信息泄露、篡改、丢失；发生或者可能发生个人信息泄露、篡改、丢失的，应当及时采取补救措施，按照规定告知自然人并向有关主管部门报告。

如灵工平台未履行灵工人员个人信息保护义务，则构成对灵工人员个人信息的侵犯；如其与灵工人员和/或用工企业的协议中达成了个人信息保护相关

① 《电信和互联网用户个人信息保护规定》第 9 条：未经用户同意，电信业务经营者、互联网信息服务提供者不得收集、使用用户个人信息。

电信业务经营者、互联网信息服务提供者收集、使用用户个人信息的，应当明确告知用户收集、使用信息的目的、方式和范围，查询、更正信息的渠道以及拒绝提供信息的后果等事项。

电信业务经营者、互联网信息服务提供者不得收集其提供服务所必需以外的用户个人信息或者将信息用于提供服务之外的目的，不得以欺骗、误导或者强迫等方式或者违反法律、行政法规以及双方的约定收集、使用信息。

电信业务经营者、互联网信息服务提供者在用户终止使用电信服务或者互联网信息服务后，应当停止对用户个人信息的收集和使用，并为用户提供注销号码或者账号的服务。

法律、行政法规对本条第一款至第四款规定的情形另有规定的，从其规定。

第 10 条：电信业务经营者、互联网信息服务提供者及其工作人员对在提供服务过程中收集、使用的用户个人信息应当严格保密，不得泄露、篡改或者毁损，不得出售或者非法向他人提供。

第 11 条：电信业务经营者、互联网信息服务提供者委托他人代理市场销售和技术服务等直接面向用户的服务性工作，涉及收集、使用用户个人信息的，应当对代理人的用户个人信息保护工作进行监督和管理，不得委托不符合本规定有关用户个人信息保护要求的代理人代办相关服务。

约定,则同时构成违约行为,需向灵工人员和/或用工企业承担相应违约责任。

二、灵活用工行业如何坚守合规底线?

从上述分析可以看出,灵工平台主要面临税务、资金安全及个人信息安全三大方面的法律风险,而该等风险的源头实质是未能建立业务真实性核验的闭环。

灵工平台应当如何有效地进行真实性核验,成为合规体系打造的核心环节。笔者建议:

第一,向真正意义的灵工平台转变,由初始的基础"结算平台"功能发展至真正的实质上的"众包平台",并完善与之相匹配的系统功能。在实践中,不少灵工平台并未上线服务成果交付的功能,用工企业的服务验收动作也往往流于形式,仅是通过上传一张批量结算单予以体现。这就需要灵工平台与业务真实性匹配,进一步完善平台功能板块,如上线灵工人员的服务交付功能及用工企业验收功能,使业务真实性能够得到实质有效的核验及留痕。

第二,增强业务相关人员的风控意识。当前,灵工平台发展迅猛,已形成充分竞争,不少灵工平台企业的销售人员或运营人员为了业绩目标,与风控部门的合规要求直接形成对抗。因此灵工平台需要加强业务一线人员的风控识别能力,并建立风控部门与业务部门的制约机制及对应处罚机制。同时,在责任分配机制上,对于因内部工作人员故意或重大过失造成公司被用工企业利用虚开发票或其他违法行为的,可通过区分违法违规重要性和严重性,分级采取不同的处罚措施,以加强内部风控意识。

三、结语

当前,灵工行业由于监管部门分散割裂造成的监管缺位,整个行业仍处于无序发展的阶段,国家及地方层面一方面鼓励灵工模式的发展,另一方面加快对灵工平台的地方性监管。

对于灵工平台而言,基于其业务真实性核验的缺失,极易发生虚开发票、洗钱、偷逃税及侵犯个人信息等违法行为。对此,需要灵工平台明确合规方向,从仅提供“结算平台”发展至合规“众包平台”,并完善与之相匹配的系统功能;同时,需要增强业务相关人员的风控识别能力,并建立相应处罚机制,以加强内部风控意识。

第四节　识别伪灵活用工模式

如前文所述,灵活用工领域的监管缺位和灵活用工相关法律制度、行业规范的不完善密切相关,导致用工企业对于真正的“灵活用工”模式无法识别和判断;同时,许多传统人力资源公司在市场红利的驱动下,以“灵活用工”之名招揽业务,但未行“灵活用工”之实,使用工企业最终被认定为与灵工人员存在事实劳动关系而需承担相应用人单位责任。

通过本节的分析,帮助用工企业解决两个核心问题:如何判断自身的用工性质是否适合采取灵活用工模式,如何识别真假灵工平台。从实际用工企业的角度出发,帮助用工企业判断其是否适合采用灵活用工模式的同时,笔者总结出“假灵工平台”伪装的三种方式及对应的识别方法。

一、如何判断是否适合采取灵活用工模式

并非所有的用工模式都适合直接转变为灵活用工模式。因此,用工企业首先需确认自身是否适合将原有的用工模式调整为灵活用工模式。

相较于劳动用工模式而言,灵活用工模式更加灵活机动,灵工人员与用工企业之间的关系更为松散。灵工人员有权自主选择工作时间及工作方式,且无须遵循用工企业制定的劳动规章制度。因此,如用工企业需要与灵工人员之间形成稳定、强人身隶属性、强管理方式下的用工关系,并且未来并不计划在管理关系上进行变革的,依据目前的司法实践,可以初步判断,该种形态就尚不具备灵活用工场景下用工灵活且自主平等的基本特性,这些就业人员不适合转变为灵活用工关系。

同时,相较于劳动合同项下和劳务用工模式而言,灵活用工模式项下的灵

工人员需要自主承担经营风险并承担服务质量责任。因此，如灵工人员提供的服务不具备自主经营的特性、无自担经营风险的能力，最终是由用工企业对外承担服务质量责任及风险，那么这些就业人员在转变为灵活用工关系时，依据司法实践，容易被认定为劳动关系或劳务关系。

二、如何识别“假灵工平台”的伪装

（一）将“非全日制用工”伪装为“灵活用工”

由于对劳动关系的定义及种类并不熟悉，许多用工企业往往会陷入以用工时长来区分是否与灵工人员建立劳动关系的认知误区，认为仅需与日工作时长超过 8 小时的灵工人员建立劳动关系，此种认知误区忽视了劳动关系项下的非全日制用工。

根据《劳动合同法》的规定，非全日制用工属于劳动用工关系的一种，是指以小时计酬为主，劳动者在同一用人单位一般平均每日工作时间不超过 4 小时，每周工作时间累计不超过 24 小时的用工形式。在非全日制劳动用工关系项下，用工企业仍需承担相应用人单位义务，为其缴纳工伤保险，并应就劳动者“工资、薪金所得”代扣代缴其个人所得税；而在灵活用工关系项下，用工企业与灵工人员之间属于平等的合作关系，灵工人员通常自己提供工作所需工具，并自由选择工作时间、工作量等，其所得属于“经营所得”，无须用工企业代扣代缴，用工企业也无须承担缴纳社会保险及住房公积金等义务。

实践中，部分假灵工平台会利用用工企业的认知误区，与用工企业签订名为《灵活用工协议》的协议，正文却使用“小时工”“临时工”等非全日制关系项下用语，且内容基本与非全日制用工关系相关，这将会给用工企业带来较大的法律风险，如因未为其缴纳工伤保险而需补缴或直接被社会保险费征收机构申请划拨社会保险费，或因其作为扣缴义务人未代扣代缴个人所得税而受到税务稽查等。

对此，可从以下两点识别此种假灵工平台：

第一，识别合同中是否具有“小时工”“临时工”等非全日制用工关系项下用语,防止从形式上被认定为系非全日制用工关系。

第二,识别合同中或实际用工场景下是否存在灵工人员与用工企业之间的强人身隶属关系。如用工企业有权决定灵工人员的选任;用工企业应当对灵工人员进行培训以确保灵工人员遵循用工企业所制定的各种劳动规章制度;灵工人员需每日进行签到考勤;发放工资卡、使用工作邮箱;按期发放工资条等,从而防止从实质上被认定为构成非全日制用工关系。

(二)将“劳务派遣”伪装为“灵活用工”

劳务派遣是中国的传统劳动用工的补充形式,只能在临时性、辅助性或者替代性的工作岗位上实施,方式为劳务派遣单位与被派遣劳动者订立劳动合同,把劳动者派向其他用工单位,再由其用工单位向派遣单位支付服务费用的一种用工形式,最大的特点是劳动关系与用工关系相分离。

实践中,不少传统的经营劳务派遣业务的人力资源公司将自己包装为“灵工平台”,将劳动者以“灵活用工”的名义派遣至用工企业。在该情形下,甚至有些人力资源公司尚不具备劳务派遣的相关经营资质,亦不依法与劳动者建立劳动关系,以“灵活用工”名义规避非法经营及用人单位责任。

识别此种假灵工平台的主要方式为,看其是“派遣人”还是“承包活儿”,即明确与其签订合同标的是业务还是人员。劳务派遣合同中主要是对于派遣员工的数量、条件、期限和提供劳务的方式进行规定,标的是“人”;灵活用工合同则是针对将某部分业务分包给灵工平台,对完成此项业务的人员通常无具体规定。

此外,签订合同时还要注意某些假灵工平台合同标题与内容不符,合同标题虽写的是“业务外包合同”,正文部分却是劳务派遣相关约定。若用工企业选择此类假灵工平台合作,将因接收假灵工平台虚开的发票而面临虚开增值税发票等相关刑事、行政法律风险。

(三)将“第三方灵工平台服务”伪装为“自营灵工平台服务”

目前不少人力资源公司的业务受到灵工平台的冲击,于是在传统的劳务派遣及人力资源外包服务业务之外，纷纷增加灵活用工业务板块，但因其不具备提供平台技术服务的能力及税收优惠地区的税务服务能力，往往会与其他第三方灵工平台合作，从实际用工企业承揽业务后外包给该第三方灵工平台，由灵工平台与灵工人员结算服务费，这与灵工平台承揽法律关系下的业务实质相背离。用工企业往往无法识别究竟是哪一方提供了真正的灵工法律服务。

识别此种假灵工平台的主要方式有两种：

第一，明确该灵工平台开具的增值税发票内容。传统人力资源公司向企业开具的发票内容为“经纪代理服务 * 人力资源外包服务”，且就其向企业收取并代为发放的工资和代理缴纳的社会保险、住房公积金，则不得开具增值税专用发票，只能开具增值税普通发票；在灵活用工关系项下，灵工平台系就承揽的具体业务向企业开具对应业务内容的全额增值税专用发票。此要点可在用工企业与平台签订合同时进行明确约定，并可要求其提供开具的发票样张，以供进一步确认。

第二，确认该灵工平台是否具备相应资质及为灵工人员完税方式是否合规。若该平台声称其可对灵工人员进行委托代征，可要求其出示委托代征资质证明及针对灵工人员相关增值税与个人所得税完税的具体政策依据，看其委托代征主体与合同主体是否一致，为灵工人员完税的政策依据是否合法合规，以确保用工企业、灵工平台、委托代征主体及灵工人员四方之间的业务外包链路完整，以防因被认定为不构成灵活用工关系而承担事实劳动关系项下的用人单位责任，并因灵工人员未依法完税而承担未依法履行代扣代缴义务的税务风险。

三、结语

灵活用工模式是传统用工模式的延伸，是新兴就业形态下的劳动关系的“调节机制”，用工企业不能因为灵工模式可以降低成本，而贸然取代与劳动者的劳动关系/劳务关系，仍然要科学合理合规区分劳动的性质和具体内容以及工作呈现方式，在做到这一步之后，再选择合规的灵工平台进行合作。对此，笔

者建议,用工企业在选择与灵工平台合作之前,分“两步走”:

第一步,结合用工企业与灵工人员的人身管理关系及对外责任承担主体等要素,判断其自身是否适合采取灵活用工模式。

第二步,用上述识别真正意义上灵工平台的法律判定方法,辨别将“非全日制用工”“劳务派遣”伪装成“灵活用工”,以及将“第三方灵工平台服务”伪装为“自营灵工平台服务”的灵工平台,从而降低相关用工合规及税务风险。

第二章

灵活用工解决方案的具体模式

灵工行业作为新事物与新业态，在经过快速发展时期的市场乱象后，在国家政策法规的日趋规范下，逐步演化出相对稳定的业务模式，其中以“个体工商户模式（将灵工人员转化为个体工商户，灵工平台为其代办涉税事项）”与“委托代征模式（灵工平台为自然人性质的灵工人员代征税费）”为代表。

本章就个体工商户模式，通过总结个体工商户这一法律主体的前世今生，明确个体工商户的法律地位，并对个体工商户模式下管辖权这一核心难点问题进行深度详解；就委托代征模式，通过对个人经营行为进行系统地分析解读，明确经营所得与劳务报酬所得的辨别标准，并为委托代征模式下灵工平台提供收入性质认定提出解决之道。

第一节 个体工商户的法律地位

从 1982 年《宪法修正案》确立个体经济的法律地位，到《民法通则》于 1986 年确立个体工商户的基本概念开始，个体工商户一路发展，直至 2018 年的《电子商务法》，明确电子商务经营者必须进行市场主体登记，个体工商户在互联网时代，有了新的经营形态和监管模式。

我们可以从图 2－1 个体工商户的相关法律文件循迹其清晰的历史发展脉络：

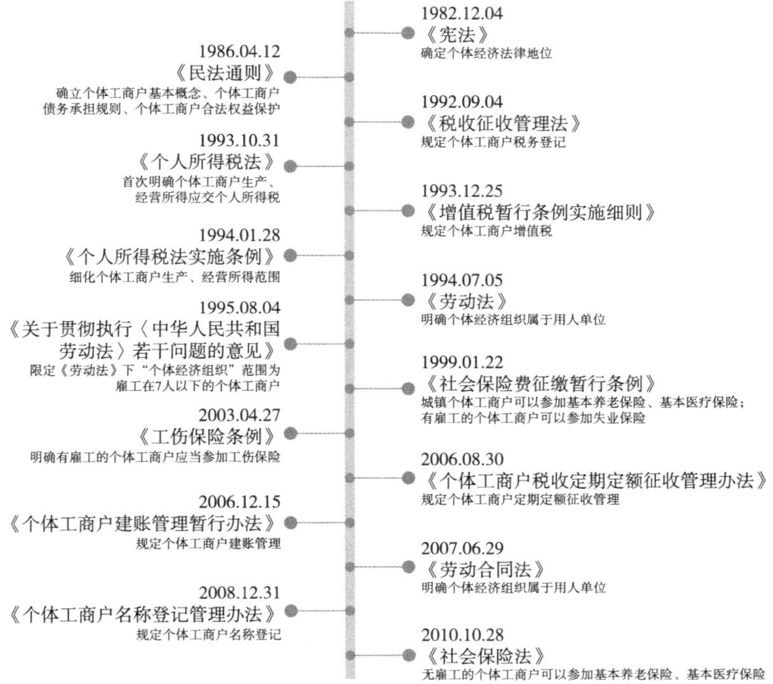

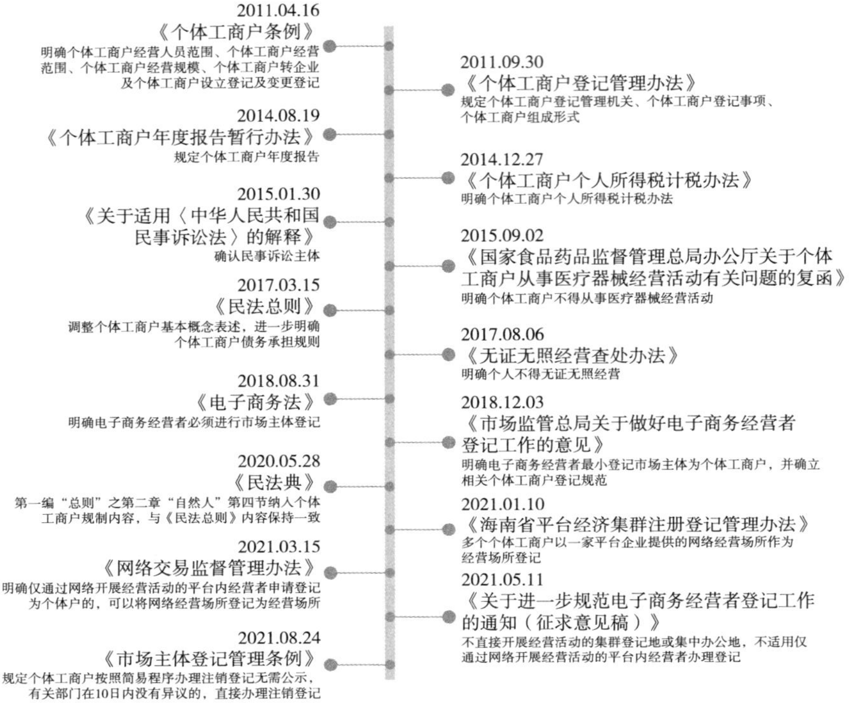

图 2－1　我国个体工商户相关立法脉络图

第二节 个体工商户模式的管辖权问题

作为《电子商务法》的配套制度,国家市场监督管理总局发布的《网络交易监督管理办法》已于2021年5月1日起实施。该办法首次针对网络经营主体登记及管辖问题作了细化规定,明确仅通过网络开展经营活动的平台内经营者申请登记为个体工商户的,可以将网络经营场所登记为经营场所、将经常居住地登记为住所,其住所所在地的市监局为其登记机关。

这是否意味着,在灵活用工众包模式下,灵工人员所注册的个体工商户的管辖机关应当为其住所所在地市监局?若答案是肯定的,则灵工平台是否无法再沿用"一址多照""工位号""集群注册"等地方政策?

带着这些疑问,笔者系统性地梳理了与个体工商户管辖相关的法律法规及各地政策,在了解个体工商户管辖的前世今生的基础上,探究灵活用工众包模式下的个体工商户管辖权之争。

一、个体工商户管辖的前世今生

(一)工商管辖

追溯个体工商户工商管辖的历史规定,可以发现,由于个体工商户在传统经济下,一般是通过在线下设立门店的形式从事经营活动,因而,根据《个体工商户条例》《个体工商户登记管理办法》等规定,个体工商户一般是由其经营场所所在地市监局管辖。

然而,随着平台经济的快速发展,越来越多的个人通过互联网从事经营活动,只需拥有一台电脑,便可与来自全国各地的顾客完成交易。尤其是在"一件代发"模式下,个人甚至不需要在线下囤货、发货,只需在电脑上简单操作,便由上家直接发货给消费者。由此,经营场所的界定变得模糊。

针对新经济形态,市场监管总局《关于做好电子商务经营者登记工作的意见》首次明确,电子商务经营者申请登记为个体工商户的,允许其将网络经营场所作为经营场所进行登记,允许将经常居住地登记为住所,个人住所所在地的市监局为其登记机关。同时明确,以网络经营场所作为经营场所登记的个体工商户,仅可通过互联网开展经营活动,不得擅自改变其住宅房屋用途用于从事线下生产经营活动并应作出相关承诺。

这一规定也在《网络交易监督管理办法》中得以延续,即仅通过网络开展经营活动的平台内经营者申请登记为个体工商户的,可以将网络经营场所登记为经营场所,将经常居住地登记为住所,其住所所在地的市监局为其登记机关。

(二)税务管辖

关于个体工商户税务管辖问题,根据《税务登记管理办法》的规定,个体工商户需向其生产、经营所在地税务机关申报办理税务登记,但并未对"生产、经营所在地"进行定义。

而后,《增值税暂行条例》作出细化规定,区分"固定业户"及"非固定业户",并作出了不同的管辖规定。对于固定业户,基于其经营场所固定,因此税务管辖机构为机构所在地主管税务机关;对于非固定业户,由于其经营场所不固定,涉及跨区域甚至跨省,因而规定向其销售地或劳务发生地的主管税务机关申报纳税。同时,为了提防有部分个体工商户故意不按照前述规定申报纳税,《增值税暂行条例》也规定了其机构所在地或居住地的主管税务机关补征税款。

在《计税办法》中,也对经营场所不固定的个体工商户管辖作出类似规定,即个体工商户有两处或两处以上经营机构的,选择并固定向其中一处经营机构所在地主管税务机关申报缴纳个税。

综上所述,个体工商户税务管辖基本遵循生产、经营所在地主管税务部门管辖的原则。

二、个体工商户管辖权之争：个体工商户注册地和经营者住所地

从个体工商户在法律视角下的发展历史看，《网络交易监督管理办法》中对于个体工商户的管辖权约定的规定会极大影响灵工平台经济的模式选择。根据该办法第9条的规定，只有“仅”通过互联网开展线上活动的个体工商户，“可以”将其经常居住地作为住所，从而其住所所在地市监局有权管辖。

该条款规定的管辖权问题的关键词为三个：“仅”“通过互联网开展线上活动”“可以”。

首先，“仅”意味着同时开展线上及线下活动的个体工商户，不适用该条款规定。这样规定的目的主要在于避免线下经营的个体工商户滥用该政策，不利于后续针对线下经营者的监管。

其次，如适用该条规定，则需要属于“通过互联网开展线上活动”。然而，何为“线上活动”？实践中“线上活动”与“线下活动”如何进行区分？对此，《网络交易监督管理办法》及相关法律法规并未作出明确解释。

对于灵活用工行业而言，在个体工商户众包模式下，灵工人员通过灵工平台注册成为个体工商户，以个体工商户名义通过灵工平台线上接单、结算、验收/评价，但具体服务成果往往是线下交付。以外卖骑手为例，其注册的个体工商户从灵工平台统一线上接单，在其于线下按时完好向消费者交付餐品后，灵工平台线上验收订单并与外卖骑手注册的个体工商户线上结算服务费，那么对于这种情况，究竟是应该解读为“线上活动”还是“线上＋线下活动”？

又如，传统线下服务行业，其线下设有实体门店，但其往往也具有线上拓客渠道，若消费者是在线上下单，至线下门店接受服务后与店家线上结算，那么对于这种情况，又该如何进行判断？

对此，笔者分析，大部分服务的交付有赖于线下实体个人完成，人毕竟具有物理属性，因此不存在纯粹“线上交付服务”的行为；而如上文所述，本条规定制定的初衷，在于防止设有线下实体门店的个体工商户利用该政策规避监管要求：其明明具有线下实体经营场所，应当受注册地所在地的市场监督管理部门

管辖,却以虚拟的线上网址作为经营场所,意图规避监管。

因此,笔者得出的初步判定方式为:可以是否具备线下实际经营场所作为是否通过互联网开展线上活动的判断标准,即如果具有线下实体门店,互联网经营活动仅为线下经营活动的延伸的,则不属于"通过互联网开展线上活动";如果不具有线下实体门店,互联网是其开展经营活动的唯一途径的,即使其服务是线下交付,仍构成"通过互联网开展线上活动"。

最后,落脚点在"可以",即意味着该规定并非强制,而是给了个体工商户一个选择路径,个体工商户可以选择将经常居住地登记为住所,也可以选择不登记。因此,该条规定本身不构成强制性或禁止性规定。这是否意味着地方各地政府此前出台的"一址多照""工位号""集群注册"规定仍然可以沿用?

笔者理解,在各地未依据《网络交易监督管理办法》更新迭代原有政策前,现有相关规定仍可适用。以江苏省为例,其在《江苏省人民政府关于进一步放宽市场主体住所(经营场所)登记条件的指导意见》中规定:"法律、法规未对市场主体住所(经营场所)做出禁止性和限制性规定的,工商部门可以创新市场主体住所(经营场所)登记方式,实行'一址多照'、'一照多址'、集群登记、商务秘书公司托管登记等改革举措,并注意及时总结经验,解决住所(经营场所)登记中出现的新问题,不断完善住所(经营场所)管理规定。"其中特别明确是在法律、法规未作出禁止性和限制性规定的情况下的有限创新,因而《网络交易监督管理办法》与江苏省指导意见之间并不冲突。

此外,"一址多照"、工位号、集群注册等政策本质上也与促进发展平台经济、支持小微企业、包容审慎监管等原则保持一致,其与当今平台新经济下全新的经营模式相契合,极大地提高了个体工商户工商登记注册的效率,同时有利于对散落在各地的个体工商户经营者通过平台这个抓手进行系统的管理,因而也应当继续予以推行。

三、结语

通过对个体工商户工商管辖/税务管辖的法律文件的脉络梳理可以发现,

在传统经济时代，往往是以个体工商户线下实地经营场所为抓手进行管辖监督；但在平台新经济模式下，经营场所的界限变得模糊。因此，为适应经济的进一步发展，国家市场监督管理总局出台创新政策，允许在申请注册个体工商户时将网络经营场所作为经营场所进行登记，并允许将经常居住地登记为住所。这一点在《网络交易监督管理办法》中亦予以延续体现，即“仅”通过互联网开展线上活动的个体工商户，“可以”将其经常居住地作为住所，其住所所在地市监局有权进行管辖。

但由此也引发了在灵活用工个体工商户模式下，个体工商户注册所在地市场监督管理部门与个体工商户经营者住所所在地市场监督管理部门的管辖之争。

对此，笔者理解，在个体工商户众包模式项下，灵工人员注册的个体工商户往往不具有线下实际经营场所，互联网是其开展经营活动的唯一途径，因此即使其服务是线下交付，仍构成“仅通过互联网开展线上活动”的个体工商户，从而有权（而非必须）将其经常居住地登记为住所。若其未选择将经常居住地登记为住所的，则其个体工商户注册地所在市场监督管理部门仍享有管辖权，其所适用的地方出台的“一址多照”、工位号等政策视情况也将可继续适用。

因此，所谓的个体工商户管辖权之争，其实在细致研析相关法律文本之后，可以找到合规解决路径。灵工平台及相关地方监管部门应当防止单纯从文字表面进行解读，灵工平台依托线上注册地进行管辖的问题有待进一步法律文件的出台加以明确。

第三节 委托代征模式下个人劳务和经营行为的区分

个人的劳务报酬所得和经营所得就像一朵双生花，生来便长着相似的“花朵”（纳税行为涵盖的范围），但结出的“果实”（税率及申报方式）却是天差地别。

《国家税务总局对十三届全国人大三次会议第 8765 号建议的答复》（以下简称《8765 号答复》）中提出灵工人员经营所得与劳务报酬所得的实质判断标准：“灵活用工人员取得的收入是否作为经营所得计税，要根据纳税人在平台提供劳务或从事经营的经济实质进行判定。”

而各地税务局在区分经营所得与劳务报酬所得时，则存在“断章取义”地援引国家税务总局所得税司任宇处长在“新个人所得税法和新条例”视频讲解中提到的形式判断标准“经营所得不是单一个人活动、可能存在雇佣关系”的情形。

那么，在灵活用工委托代征模式下，究竟应该如何辨别灵工人员的经营所得与劳务报酬所得？是否可以简单的通过人数进行形式上的判断，还是需要其他实质辨别方法？形式判定和实质判定的冲突不言而喻。

一、劳务报酬所得 =1 个人，经营所得 >1 个人？

各地税务局在解答纳税人提出的“如何区分经营所得与劳务报酬所得”的问题时，往往援引国家税务总局所得税司任宇处长在“新个人所得税法和新条例”的视频讲解中，对于经营所得的界定中所提到的[1]：

---

① 《新个人所得税法和新条例（下）》，https://12366.chinatax.gov.cn/video/play?bh=2d37077be1444b97940143c94d24500e。

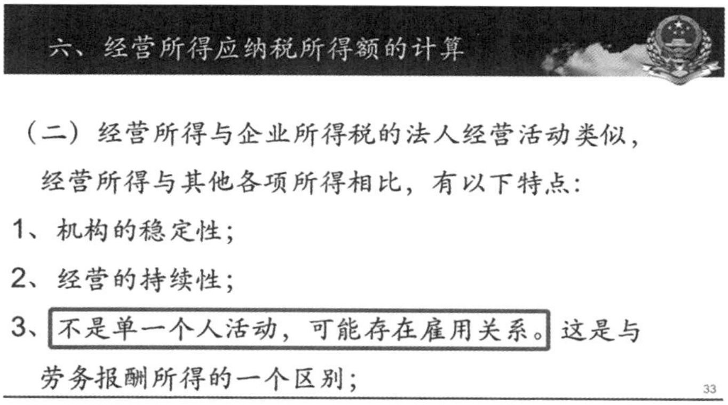

图 2－2　国税总局任宇处长视频讲解资料截图

从形式上看，上述回答非常符合常识判断逻辑。相较于以单个人的名义承揽一个任务，以一个团队的名义（如以带雇工的个体工商户名义）承揽这个任务，会更容易让人觉得后者的所得属于经营所得。

但这是否意味着单个人无法产生经营所得？比如，一对夫妻共同经营一个早点摊和单个人经营一个煎饼摊子，二者实质提供的服务内容相同，却因为人数的不同而被区分对待？答案显然是否定的。

首先，截至目前尚无相关法律文件支撑上述形式判断的解读。根据《个人所得税法实施条例》及《8765 号答复》对于劳务报酬所得及经营所得的定义（如图 2－3 和表 2－1 所示），经营所得与劳务报酬所得的适用对象均包括“个人”，其所列举的项目有所重叠［如讲学（办学）、医疗、咨询等］，在定义上也有所重叠（如劳务所得是个人从事劳务取得的所得，经营所得包括个人从事有偿服务活动取得的所得）。因此，单从法律条文来看，目前尚不足以证明“经营所得”必须多于一个人的结论。

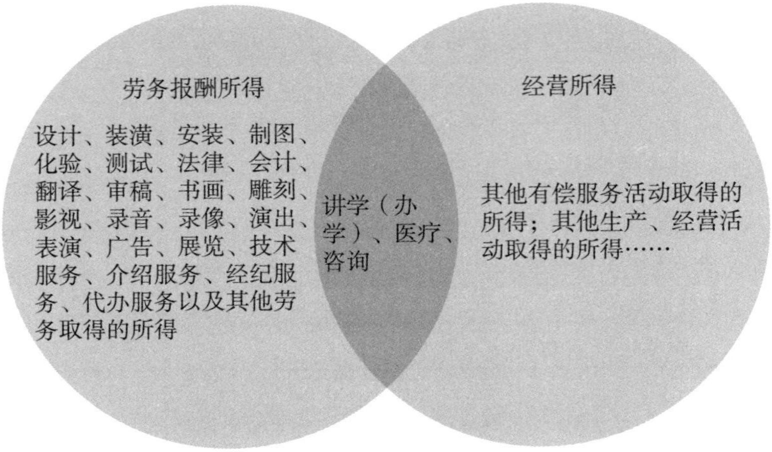

图 2-3 劳务所得与经营所得交叉范围图

表 2-1 劳务报酬与经营所得定义法律依据表

法律依据	内容
《个人所得税法实施条例》	劳务报酬所得：是指个人从事劳务取得的所得，包括从事设计、装潢、安装、制图、化验、测试、医疗、法律、会计、咨询、讲学、翻译、审稿、书画、雕刻、影视、录音、录像、演出、表演、广告、展览、技术服务、介绍服务、经纪服务、代办服务以及其他劳务取得的所得。
	经营所得：是指……(2)个人依法从事办学、医疗、咨询以及其他有偿服务活动取得的所得……(4)个人从事其他生产、经营活动取得的所得。
《8765 号答复》	劳务报酬所得：灵工人员在平台上从事设计、咨询、讲学、录音、录像、演出、表演、广告等劳务取得的收入，属于“劳务报酬所得”应税项目。
	经营所得：是指灵工人员注册成立个体工商户、或者虽未注册但在平台从事生产、经营性质活动的，其取得的收入属于“经营所得”应税项目。
	举例：从事教育培训工作的兼职教师，在线下教室里给学生上课取得收入按劳务报酬所得缴税，在线上平台的直播间给学生上课取得收入按经营所得缴税，同一性质劳动，不宜区别对待。

其次，自然人无法产生雇佣关系。根据《劳动法》《劳动合同法》的规定，用人单位限定于“企业、个体经济组织、民办非企业单位等组织”，并未将“自然

人”纳入范畴,因而“可能存在雇佣关系”这一判断标准在纳税主体为自然人的情况下也并不适用。

最后,根据《电子商务法》《网络交易监督管理办法》的规定,未办理市场主体登记的个人依然可以开展网络经营活动,其所得也同样构成经营所得。对于通过网络从事保洁、洗涤、缝纫、理发、搬家、配制钥匙、管道疏通、家电家具修理修配等依法无须取得许可的便民劳务活动的个人,以及从事网络交易活动年交易额累计不超过10万元的个人,其可以不根据《电子商务法》的规定进行市场主体登记,但仍属于开展经营活动的主体,受《电子商务法》《网络交易监督管理办法》的监管。由此也可以反证,单个人可以从事生产经营活动,其所得应纳入经营所得范畴。

通过详细分析该期讲解视频,才发现视频中针对第三点说的是“(一般)不是单一个人活动,可能存在雇佣关系”,这其实就将可以获得经营所得中不适用第3条判断标准的自然人类型排除在外,其提到的雇佣关系主要针对的是个体工商户、合伙企业等主体,这也与上文分析解释相洽。但因为视频中的PPT未能予以体现,才导致片面解读。

综上所述,人数并非判断经营所得与劳务报酬所得的必要充分条件:

1. 多个人从事同一个任务,很大程度上将构成经营所得。

此时,各方之间无法构成雇佣关系(不符合用人单位的适用范围),因而只能是平行合作关系,即等同于将一个任务拆分成各个独立的小任务,由多方平等主体共同认领并交付成果。

实际上,这也正是灵活用工当前的运作模式,即灵工平台将自用工需求方承接的业务拆解成一个个独立的任务后转包给灵工人员,由单个灵工人员具体承接并交付成果,进而获得对应报酬,因而对于灵工人员而言,其所得应当被界定为经营所得。

2. 但如果构成经营所得,也并不意味着不能是一个人完成任务。

所谓“能者多劳”,灵工人员除独立承接拆解的任务外,其亦可以自己独立承揽一整个任务并完成成果交付,这与上文所述多个人分包同一个任务并不矛盾。

二、教你辨别经营所得与劳务报酬所得

如上文所言，人数并非判断经营所得与劳务报酬所得的标准之一。在一般税务实践中，地方主管税务机关在区分经营所得还是劳务报酬所得时，会首先查看具体的服务内容是否落入《个人所得税法实施条例》中针对劳务报酬所得和经营所得规定的“正列举”项目里。如“翻译”就明确被归入“劳务报酬所得”的范围之内，那么针对自然人提供翻译服务而获得的所得，将很大程度上被认定为构成“劳务报酬所得”。

但对于“讲学(办学)、医疗、咨询”等落入劳务报酬所得和经营所得的“正列举项”中重叠的范围之内的项目，又应当如何进行辨别?

其实，透过现象看本质，劳务报酬所得与经营所得的核心区别点在于:劳务报酬所得对应的交付物是劳务，而经营所得对应的交付物是成果。如某主办方邀请某学者开展讲座，不管这位学者最终呈现的讲座效果如何，只要是这位学者做的讲座，该主办方都会给他支付服务费用，那么该学者其实提供的交付物是劳务;但如果该主办方跟该学者要求说讲座一定要达到听众满堂的效果，具体怎么达到这个效果主办方不管(既可以是学者自己调整讲座主题和内容，也可以是学者再另外邀请别的大咖来做演讲)，最终主办方也是根据讲座效果向该学者支付服务费用，那么，在这种情况下，该学者提供的交付物实际为成果。

掌握以上辨别劳务报酬所得与经营所得的核心判断标准其实不难，难的是可以通过哪些方式来判断交付物是属于劳务还是成果。对此，笔者参考了国家税务总局针对各个行业的特别规定或批复，梳理、总结出以下辨别方式:

第一，看是否作为合同签署与对外履约主体。对于第三方而言，提供劳务的一方主体通常不会是合同的直接签署对象，而是由支付劳务报酬的一方进行签署。例如，家长一般是和培训机构签署培训协议，而非与培训机构的某位老师单独签署培训协议;对于取得经营所得一方主体，其通常会与第三方直接签署合同并享受相应合同权利、履行相应合同义务。如果该培训机构老师直接以自己的名义和家长签署培训协议，并承担合同义务及责任，那么此时该老师获

得的收入即为经营所得而不再是劳务报酬所得。

第二，看是否需要承担经营风险、自负盈亏。根据《建筑安装业个人所得税征收管理暂行办法》规定，承包建筑安装业各项工程作业的承包人取得的所得，应区别不同情况计征个人所得税：经营成果归承包人个人所有的所得，或按照承包合同（协议）规定、将一部分经营成果留归承包人个人的所得，按对企事业单位的承包经营、承租经营所得项目征税；以其他分配方式取得的所得，按工资、薪金所得项目征税。从事建筑安装业的个体工商户和未领取营业执照承揽建筑安装业工程作业的建筑安装队和个人……其从事建筑安装业取得的收入应依照个体工商户的生产、经营所得项目计征个人所得税。从事建筑安装业工程作业的其他人员取得的所得，分别按照工资、薪金所得项目和劳务报酬所得项目计征个人所得税。

根据上述规定可以推论，如个人取得相关所得需承担经营风险，取得的所得和经营成果挂钩的，其所得应作为“经营所得”缴纳个税。且从计税依据来看，经营所得是对收入减去实际发生的成本、费用、损失后的余额征税，本质是对个人的经营利润征税；而劳务报酬所得是对收入扣除固定金额或比率的余额征税，本质是对个人的经营收入征税。因此，可以个人是否承担经营风险、自负盈亏来作为交付物是劳务还是成果的辨别标准。

第三，看是否承担服务质量责任并作为发票开具主体。一般而言，取得劳务报酬所得一方是按支付报酬的一方的要求指示提供服务，服务完成后即完成义务，一般不对外就服务质量承担额外的责任，亦不对外开具相应增值税发票；而取得经营所得一方，除就其所得需对外开具相应增值税发票外，亦需对整个生产经营活动进行计划、组织、控制、协调，以实现其任务和目标，如服务成果不达预期或出现服务质量问题，经营一方需对外承担相应的法律责任。

综上所述，在无相关法律法规进行具体解释的情况下，笔者理解，对于类似淘宝或猪八戒等撮合模式的平台，其平台内经营者系与消费者直接发生关系并承担开具发票及售后职能，属于自负盈亏，因而该等平台内经营者提供的服务所得一般会认定为“经营所得”；而滴滴等自营模式的平台，是由平台本身与消费者发生法律关系并承担开具发票或售后职能，因而该等平台内经营者提供的服务所得，一般应当认定为“劳务报酬所得”。而《8765 号答复》中提及的讲课案例，并不能简单机械地理解为线下提供讲课服务就是劳务，线上提供讲课服务就是经营所得，而是应当基于其他因素综合进行判定。如果是线上提供讲课服务，而由平台开具发票，则讲课者从平台获得收入一般会被认定为“劳务报酬所得”。

三、结语

由此可见，辨别经营所得与劳务报酬所得的核心，正如《8765 号答复》所言，在于透过“人数”的表象，把握住交付物是“劳务”还是“成果”的核心判断原则，基于“合同签署主体”“对外履约主体”“自负盈亏”“责任承担主体”“开票主体”等要素进行综合实质性判断。

但即便有上述根据实践所总结的法律判断逻辑和方式，仍然很难确保主管税务部门认定结论的稳定性。

其实，从《个人所得税法实施条例》及《8765 号答复》中针对“经营所得”的定义可以发现，对于个体工商户从事生产、经营活动所获得的收入，将会被自动归入“经营所得”，实践中对此一般也不会有争议。

因此，对于灵工平台而言，如想真正实现灵工人员的“经营所得”的定性，可以考虑灵工人员成立个体工商户，由灵工人员以个体工商户名义对外承揽业务，进而解决“劳务行为”与“经营行为”的区分难题。

如果灵工人员以自然人身份提供服务，灵工平台则应当注重改变和提升用工管理方式，降低企业端或自身平台对于灵工人员的强管理属性，增强灵工人员的自主性、灵活性、独立性，使灵工人员更多地参与到业务实质中，真正做到以成果交付为目标的业务承揽实质，降低被认定为构成“劳务行为”的风险。

第三章

灵活用工争议案例与裁判思路解析

灵工平台与灵工人员之间能否建立起真实的业务承揽关系是衡量一个灵工平台是否为实质意义上的灵工平台的唯一标准。

灵工平台不应当成为企业为了规避与劳动者之间的劳动关系的工具。

本章通过梳理灵工行业司法裁判案例，对现行国家司法部门的裁判思路进行深度剖析。首先，结合2018年至2021年的司法案例，明晰灵活用工各主体之间的基础法律关系；其次，从真实案例出发，揭示灵工平台与人力资源公司的不合规合作的“层层假外包”下的法律风险；最后，选取三例灵工模式下劳动关系诉请的最新典型案例，以对现行某些灵工平台浮于表面、流于形式的业务流程进行反思，提出灵工平台应考虑在不同的劳动关系认定维度下各种条件在判定过程中的“权重”比例，探求企业在用工过程中实施管理的边界和限度，以构建稳定的灵工法律关系。

第一节 劳动争议案件的审判思路汇总

灵活用工形式作为降低企业用工成本和实现劳动者自身价值最大化的缓冲区,已经成为中国劳动力就业市场的重要组成部分。然而,由于灵活用工发展较快,目前尚未形成规范化机制,法律关系界定并不清晰。因此,某些企业以规避履行传统劳动用工关系下所需承担的用人单位义务为目的,与人力资源服务公司或灵工平台合作,如通过诱导等方式与其建立劳动关系的劳动者注册为个体工商户的形式,用形式的灵活用工关系掩盖实质的劳动关系。

《国务院办公厅关于支持多渠道灵活就业的意见》中指出,要"维护劳动保障权益。研究制定平台就业劳动保障政策,明确互联网平台企业在劳动者权益保护方面的责任",由此可见,在鼓励灵活就业发展的同时,国家也愈加重视灵工人员的权益保障工作,假借灵活用工规避劳动关系等违规情形将受到严重打击。

对此,本书结合 2018 年 1 月至 2021 年 6 月的 54 起司法实践案例,通过梳理裁判要点,深入分析灵活用工各主体之间的法律关系,以厘清司法实践中灵活用工模式下认定的劳动关系相关的法律风险。

一、法律关系定性:合作关系与劳动关系

灵活用工模式将传统的劳动用工关系转变为平等的合作关系,一般涉及发包方(以下简称用工企业)、第三方灵工平台和接活方(以下简称灵工人员)三方。随着近两年新个人所得税法及社保入税政策的出台,传统用工模式成本激增,灵活用工渐渐成为众多如服务、餐饮、新零售、互联网企业等行业的新型用工模式,灵活用工市场得到快速发展,但与国际上发达国家的灵活用工行业占

比（如2019年美国灵活用工在人力资源行业中占比已达到36%①）相比还存在较大差距。

当前，灵活用工尚未形成规范化机制，法律关系界定并不清晰，在司法实践中亦存在很大争议。对于灵活用工模式下用工企业与灵工人员之间的法律关系，部分法院认为二者之间存在劳动关系，部分法院则持相反观点。

表3-1 司法机关对灵工模式下劳动争议的裁判要点

<table>
<tr><th>序号</th><th>要点</th><th colspan="2">内容</th></tr>
<tr><td>1</td><td colspan="3">不构成劳动关系：廖某与重庆及食商贸有限公司劳动争议②</td></tr>
<tr><td>1-1</td><td>原协议签署情况</td><td colspan="2">廖某未与重庆及食商贸有限公司（以下简称及食公司）签署书面协议</td></tr>
<tr><td>1-2</td><td>灵活用工方式</td><td colspan="2">（1）及食公司是美团的配送服务商，将外卖配送服务外包给骑易达（天津）科技有限公司（以下简称骑易达公司）；
（2）廖某与骑易达公司签订了《业务分包服务合作协议》，建立了承揽合同关系，廖某根据美团App平台进行接单、送餐，骑易达公司通过美团钱袋宝为廖某结算收入。</td></tr>
<tr><td>1-3</td><td>灵工人员类型</td><td colspan="2">个人</td></tr>
<tr><td rowspan="2">1-4</td><td rowspan="2">判决要点</td><td>仲裁观点</td><td>逾期未受理</td></tr>
<tr><td>法院观点</td><td>不构成劳动关系：
（1）根据廖某提交的交易明细可以看出，除由于特殊原因及食公司向原告支付了两笔款项，其余款项均为案外人北京钱袋宝支付技术有限公司向廖某转账支付；
（2）及食公司举示了其与骑易达公司签订的《业务外包合作服务框架协议》，其确将相关业务外包，而廖某又与骑易达公司签订了《业务分包服务合作协议》，约定其与骑易达公司签署协议并为及食公司提供服务，上述协议能够反映廖某为及食公司提供外卖配送服务是基于与骑易达公司签订的合作协议，而并非被告直接聘用原告为其提供劳动，故原被告之间的关系不属于劳动关系。</td></tr>
</table>

① Maciej Duszynski, CPRW: Gig Economy: Definition, Statistics & Trends, https://zety.com/blog/gig-economy-statistics，最后访问时间：2020年8月3日。

② 重庆市渝中区人民法院（2020）渝0103民初25015号民事判决书。

续表

序号	要点	内容
2	构成劳动关系：中移铁通有限公司亳州分公司与郭某劳动争议①	
2－1	原协议签署情况	郭某与中移铁通有限公司亳州分公司（以下简称中移铁通）未签署书面协议。
2－2	灵活用工方式	（1）中移铁通将移动通信代理业务转包给某第三方灵活用工平台； （2）郭某通过该平台注册成为个体工商户，并以个体工商户的名义与该平台签订转包协议从事中移公司业务。
2－3	灵工人员类型	个体工商户
2－4	判决要点	构成劳动关系： （1）郭某通过公开招聘信息求职应聘至中移公司利辛营业部，受该营业部日常管理，其提供的劳动是该营业部业务的组成部分； （2）结合工资支付凭证或记录、“工作证”“服务证”“报名表”“招聘登记表”、微信工作群等材料，可以证明双方之间存在事实劳动关系； （3）郭某个体工商户注册时间为 2018 年 8 月 28 日，其于 2018 年 8 月 10 日与平台签订的《移动通信业务代理协议》属无效合同； （4）该平台早于 2018 年 7 月 1 日便委托正德公司代发了郭某的结算酬金（实际为工资），代发期间为 2018 年 7 月 1 日至 2018 年 12 月 31 日，同时郭某的中国建设银行账户记载的交易名称也为“工资”。

二、法律关系判断：案例审查要点梳理

由上述两个案例可以看出，当前司法实践尚未就灵活用工模式形成统一的认定标准，这对灵活用工领域而言是无法绕过的困境。

为便于对用工企业和灵工人员的法律关系进行判断，笔者梳理了 2018 年 1 月至 2021 年 6 月于中国裁判文书网公开可检索的与灵活用工模式相关的 54 起劳动关系确认相关争议案例（基于劳动争议纠纷以劳动人事争议仲裁委员

① 安徽省亳州市利辛县人民法院（2020）皖 16 民终 3264 号民事判决书。

会裁决为前置程序,且仲裁裁决目前尚无公开检索途径,故仲裁案例不在此列),笔者发现,判定用工企业与灵工人员存在劳动关系的案件有 27 起,占总数的 50%。

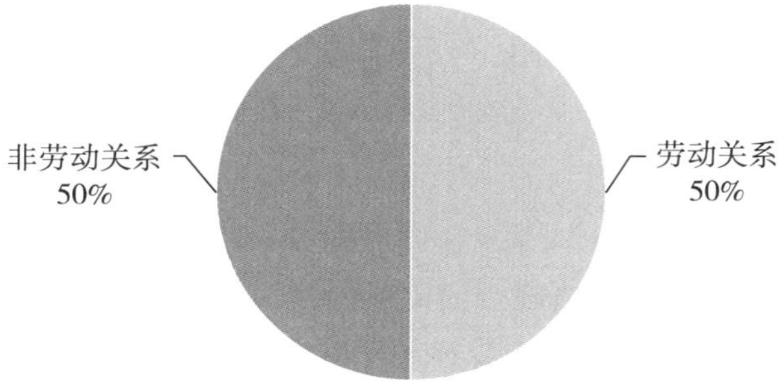

图 3－1 54 起劳动争议案例劳动关系认定结果占比图

其中,灵工人员以个人形式提供服务的有 23 起,以个体工商户形式提供服务的有 31 起,分别占比约 43% 和 57%。

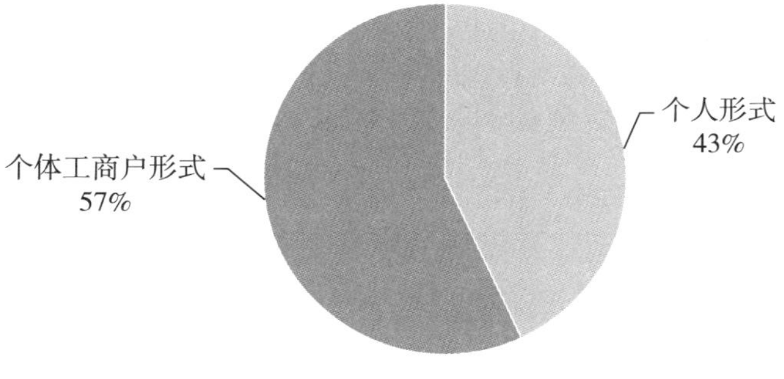

图 3－2 54 起劳动争议案例灵工人员提供服务形式图

提起确认劳动关系的起因主要是因用工企业解除关系(占到总数的 63%)或因灵工人员工伤认定或致使他人受伤引起(占到总数的 37%)。

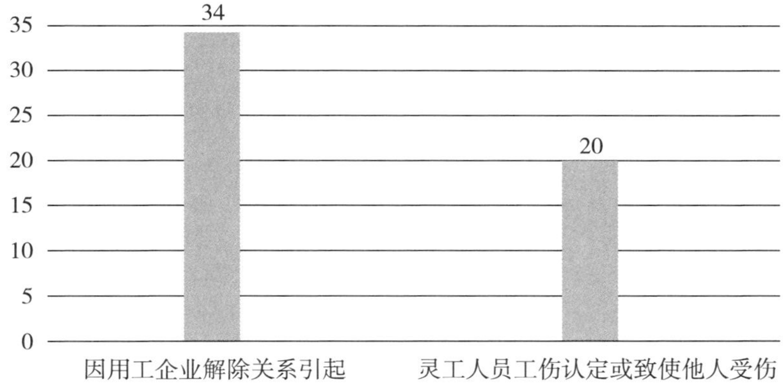

图 3-3 54 起劳动争议案例中提起确认劳动关系起因展示图

对此，笔者就前述争议案件进行梳理，总结出如下裁判要点，作为判断灵活用工模式下法律关系定性的参考：

（一）灵工人员是否受用工企业实质性的管理？

基于在此类案件中，用工企业很少直接与灵工人员签订书面劳动合同，因此在判断是否构成劳动关系时，法院多会援引原劳动和社会保障部于 2005 年 5 月 25 日发布的《确立劳动关系的通知》的规定。该文首次确立了在未订立书面劳动合同的情形下判定构成事实劳动关系的标准，并规定了在认定双方存在劳动关系时可参照的凭证及举证责任，便于法院进行判断。

法院在判定是否构成劳动关系时，着重审查的关键要素之一即灵工人员是否受用工企业管理。法院会结合《确立劳动关系的通知》第 1 条第 2 款的规定，综合考量用工企业制定的各项劳动规章制度是否适用于灵工人员、灵工人员受用工企业的劳动管理等因素，判定用工企业是否对灵工人员形成实质性的管理。

一般而言，如用工企业要求灵工人员严格遵守用工企业的作息时间、休息休假、考勤请假等各项公司规章制度，则可能被法院判定为与灵工人员之间的关系符合“人身依附性”和“组织隶属性”的特征，如同时满足《确立劳动关系的通知》第 1 条第 1 款（用工企业和灵工人员符合法律、法规规定的主体资格）、第3款(灵工人员提供的劳动是用工企业业务的组成部分)的规定,则可能被判定为构成事实劳动关系。

部分用工企业可能会针对灵工人员制定相关业务规则、服务质量要求、奖励惩罚办法等,并向灵工人员发放工作证、工作服,但这并不意味着二者之间绝对存在劳动关系。如在林某某诉丹凤电信分公司确认劳动关系纠纷案①中,法院认为用工企业虽对灵工人员所在的代办点下发了很多业务办理规则、服务质量要求、奖励处罚办法方面的规定和制度,并发放工作服和工具等,但均属基于发展电信业务所需的工作规则和激励措施,与劳动关系下用人单位对劳动者的隶属性管理完全不同。用工企业对其内部职工进行日常管理时制定了一系列严格的请销假制度,而灵工人员在从事相关业务过程中并不需要遵守这些制度,双方签订的代办合同中也没有约定原告应遵守公司各项劳动规定,包括作息时间、休息休假、考勤请假方面的内容,或调动、晋升、降职等具有“人身依附性”的用人管理条款;也不必执行上下班签到、短时间离岗报备、定期常态化汇报工作等具有明显“组织隶属性”的规定。灵工人员只需自行完成约定的代理业务即可,并以此领取由业务量确定的代理服务费或佣金,而不是像职工那样获得数额相对固定的工资,或在日常接受被告单位全方位、实时化的用人管理。

若灵工人员属于自带工具,且未与用工企业约定底薪的情况,在无相反证据证实的情况下,则司法实践中一般不会判定二者之间存在劳动关系,这一点在山东省高级人民法院、山东省人力资源和社会保障厅2019年12月出台的《关于审理劳动人事争议案件若干问题会议纪要》中也有所体现,即“劳动者自带工具,没有底薪,以包片等名义或者签订委托协议等形式为单位工作的(如快递员、超市促销员、送水员),一般应当按照约定认定双方的法律关系,但是劳动者确有证据证明双方存在劳动关系的除外”。

(二)灵工人员与第三方灵工平台签署的协议是否有效?

用工企业在抗辩与灵工人员不存在劳动关系时,往往会提出其已将相关业

① 陕西省丹凤县人民法院(2018)陕1022民初318号民事判决书。

务转包给第三方灵活用工平台，且灵工人员与第三方灵工平台又另行签署相关转包协议，从而论证其与灵工人员并不存在事实劳动关系。

对此，法院会审核灵工人员与第三方灵工平台所签署协议的效力：

1. 如果灵工人员系以个人名义签署协议，法院则会综合考量用工企业与第三方灵工平台签署的协议、转包款打款情况等要素综合考量用工企业是否确系将业务转包给第三方灵工平台，与灵工人员不存在直接事实劳动关系。如前文提到的廖某与重庆及食商贸有限公司劳动争议案，法院即在认定钱袋宝批量转账明细清单、骑易达公司与廖某签订的《业务分包服务合作协议》、. 骑易达公司委托第三方向骑手支付服务费的《委托服务合同》、及食公司与骑易达公司签订《业务外包合作服务框架协议》等事实后，认为用工企业确将灵工人员所提供的服务内容转包给第三方公司。

2. 如果灵工人员系通过第三方灵工平台注册成为个体工商户，并以个体工商户的名义签署协议，法院会结合灵工人员注册成立个体工商户的目的、与第三方灵工平台签订协议的内容、协议签署时间等方面综合考量。如法院认定灵工平台以规避劳动关系为目的要求劳动者注册个体工商户，则会认定规避劳动合同关系的合同内容和行为无效，进而认定双方存在劳动关系。① 若法院认定协议过于笼统无法反映个体工商户与灵工平台存在承揽关系②、协议签署时间在个体工商户注册时间之前③，也会被判定为无效协议，从而否认了灵工人员与第三方灵工平台之间的转包关系。

（三）灵工人员报酬支付主体是否为用工企业？

根据《确立劳动关系的通知》第 2 条规定，用人单位未与劳动者签订劳动合同，认定双方存在劳动关系时可参照工资支付凭证或记录（职工工资发放花名册）、缴纳各项社会保险费的记录。

---

① 广东省中山市中级人民法院（2020）粤 20 民终 4447 号民事判决书。

② 四川省成都市新都区人民法院（2020）川 0114 民初 7675 号民事判决书。

③ 江苏省苏州市中级人民法院（2020）苏 05 民终 2639 号民事判决书、安徽省利辛县人民法院（2019）皖 1623 民初 3951 号民事判决书。

因此，当用工企业每月固定地向灵工人员转账且备注为“工资”的情况下，会不利于证明其与灵工人员之间并非劳动关系。[①]

三、法律实务建议：行灵活用工之名与实

通过上文裁判要点梳理可知，当用工企业未真正通过第三方灵工平台转变传统劳动用工模式为灵活用工模式，即使在用工企业未与灵工人员订立书面劳动合同的情形下，仍然存在被判定为构成事实劳动关系的风险，因此，只有行灵活用工之名与实，才能在降低用工成本的同时降低用工风险。

（一）用工企业灵活用工建议

结合法律规定及司法实践案例，笔者建议用工企业建立事前准备、事中管理、事后保障三位一体的灵活用工机制，法律上实质切断劳动关系，以降低事实劳动用工相关法律风险：

1. 事前准备：用工企业转变用工模式的，应当首先解除与灵工人员个人签署的劳动合同/劳务合同等协议，切断传统用工模式下的工资发放、社会保险及住房公积金缴纳等安排，并向灵工人员就灵活用工模式做好充分说明。

2. 事中管理：在灵活用工模式下，用工企业在管理时应区别对待灵工人员及正式员工，不应要求灵工人员遵守正式员工所需遵守的企业规章制度，或对灵工人员实行体现“人身依附性”和“组织隶属性”的用工管理。但用工企业可针对第三方灵工平台制定业务规则等规范，通过约束第三方灵工平台达到间接管理灵工人员的效果。一旦灵工人员未能提供符合用工企业要求的服务，用工企业可向第三方灵工平台进行追责。

3. 事后保障：根据上述案例可知，灵工人员诉诸法院的主要原因是为与用工解除关系或发生事故后的工伤认定需求，因此，建议用工企业做好事后保障，与灵工人员友好协商解除合作关系；当灵工人员发生事故后，及时协助灵工人

---

① 江苏省苏州市中级人民法院（2020）苏05民终2639号民事判决书、安徽省利辛县人民法院（2019）皖1623民初3951号民事判决书。

员对接保险机构进行理赔，并视情况酌情给予一定补偿，尽力减少诉争的发生。

（二）第三方灵工平台服务建议

虽然一般灵工人员不会请求法院确认与第三方灵工平台之间存在劳动关系，但若用工企业未能通过第三方灵工平台实现用工模式的转变，亦会涉嫌触发拆分工资、虚开发票、偷税漏税等法律风险。因此，第三方灵工平台在提供灵活用工解决方案时，需要关注以下几点：

1. 用工企业与灵工人员的法律关系是否受强制性法律规定？

为便于对用工单位及从业人员进行管理，保障特殊行业从业人员的合法权益，国家制定了相关法律法规，要求该等行业从业人员必须与用工单位签署劳动合同，建立劳动关系。以房地产业为例，根据《房地产经纪管理办法》的规定，设立房地产经纪机构和分支机构，应当具有足够数量的房地产经纪人员；房地产经纪机构和分支机构与其招用的房地产经纪人员，应当按照《劳动合同法》的规定签订劳动合同。

因此，前述特殊行业的用工企业无法将与特定从业人员的用工模式转变为灵活用工模式，第三方灵工平台亦不得为此类用工企业提供相关服务。

2. 用工企业是否已与灵工人员切断实质劳动/劳务关系？

在用工企业转变用工方式前，应与灵工人员切断实质劳动/劳务关系（包括解除书面劳动/劳务合同及切断事实劳动用工关系），否则涉嫌利用第三方灵工平台服务拆分工资的法律风险。因此，第三方灵工平台应当以二者切断劳动/劳务关系为用工企业及灵工人员使用平台服务的前提，以降低平台违规风险。

3. 与注册成为个体工商户的灵工人员签署的转包协议是否有效？

在灵工人员转化为个体工商户的灵活用工模式下，某些灵工平台认为其与灵工人员已不构成《确立劳动关系的通知》中关于确立劳动关系的主体资格要求，仅签署一份内容过于笼统的业务转包协议，致使法院认为根据该协议无法认定灵工人员以个体工商户名义履行承揽义务。此外，因为工商设立登记需要时间，第三方灵工平台往往在个体工商户注册之日前即与灵工人员签署相关业务转包协议，以致业务转包协议无效，从而被法院否认用工企业或第三方灵工平台与灵工人员的合作关系。

因此，第三方灵工平台应当以业务实质为前提，谨慎设置协议内容，明确约定具体的承揽标的、数量、质量、报酬、履行期限、验收标准和方法等，并把握与个体工商户的协议签署时间节点，在其设立当日或之后签署，以确保业务转包协议的有效性。

4. 灵工平台解决方案是不是实质的灵活用工模式？

当前，存在部分灵工平台，未实际转化用工企业与灵工人员的灵活用工关系，用工及人员管理的权利归属于用工企业，平台仅系提供简单的服务费结算功能，未坐实平台转包功能，亦存在被认定为“假外包、真派遣”等法律风险。

对此，第三方灵工平台应当明确自身定位，如仅提供平台结算功能，则应该作为撮合平台，为用工企业与灵工人员提供撮合服务，并就撮合服务费向用工企业开具相应发票；如提供平台转包服务，则应当坐实转包事实，承担针对灵工人员的服务及人员管理职责，并就业务转包费用向用工企业开具相应开票。

四、结语

通过梳理2018年1月至2021年6月的案例，笔者发现法院在判定灵活用工模式下用工企业与灵工人员的法律关系时，会考虑灵工人员是否受用工企业实质性的管理、灵工人员与第三方灵工平台签署的协议是否有效及灵工人员报酬支付主体是否用工企业等因素，综合考量是否构成事实劳动关系。

对此，笔者建议用工企业建立事前准备、事中管理、事后保障三位一体的灵活用工机制，合理降低事实劳动用工风险；对于第三方灵工平台，笔者建议事先确认用工企业与灵工人员的法律关系是否受强制性法律规定、用工企业是否已与灵工人员切断实质劳动/劳务关系及与灵工人员所注册个体工商户签署的业务转包协议的内容与时间节点；同时明确平台自身定位，提供相应的撮合服务/

业务转包服务，并就收取的费用向用工企业开具相应开票。

最后要在灵工人员的维度上，建立灵工模式的真实性，而非仅仅通过灵工平台完成劳动/劳务收入的结算。

笔者认为，最终要从整个业务流的三方(用工企业、灵工人员和灵工平台)共同合规并实现灵活用工的实质法律关系的构建。

第二节　灵工平台在多层转包中的法律风险

本节在描述识别真假灵工平台的形态时，笔者看到了不少人力资源公司纷纷转型或增加灵活用工业务板块，但对于很多中小型人力资源公司灵工业务来说，其发展障碍主要在于缺少平台技术服务的能力及与税务系统对接的能力，故而会选择与灵工平台合作，作为灵工平台的渠道商向其推荐客户或是从实际用工企业承揽业务后外包给灵工平台，由灵工平台与灵工人员结算服务费。

对此，笔者从真实案例出发，根据灵活用工与人力资源公司的不同合作模式，分析、总结灵工平台可能存在的法律问题，以此降低灵工平台与人力资源公司的不合规合作所带来的法律风险。

一、“伪”灵活用工典型案例评析

（一）基本案情

在上海乐店商贸有限公司与陈某某劳动合同纠纷[①]案中，上海乐店商贸有限公司（以下简称乐店公司）与上海慧恩人力资源集团有限公司（以下简称慧恩公司）签订《灵活用工协议书》，约定慧恩公司按照乐店公司要求选派员工前往乐店公司指定服务场所，乐店公司按每小时 25 元与慧恩公司结算外派人员工作报酬。2018 年 8 月 19 日，陈某某进入乐店公司旗下便利店从事店员工作，后乐店公司于 2019 年 4 月关闭该便利店，期间均由上海拓耘企业服务外包有限公司（以下简称拓耘公司）向陈某某发放费用。

---

① 上海市虹口区人民法院（2019）沪 0109 民初 30104 号民事判决书；上海市第二中级人民法院（2020）沪 02 民终 5059 号民事判决书。

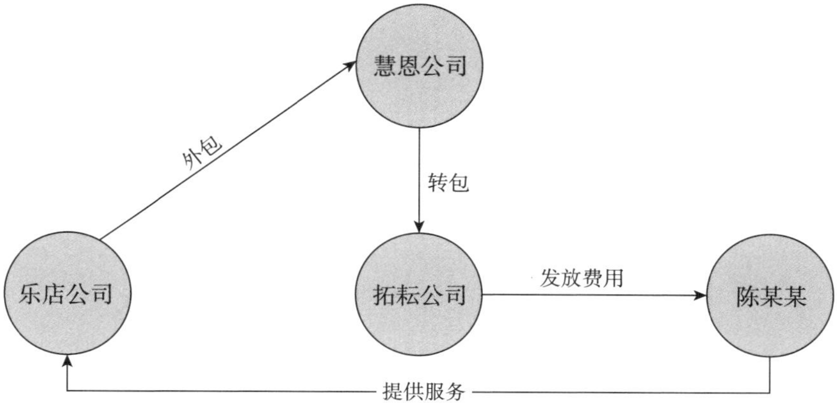

图3-4 “上海乐店商贸”案各方法律关系图

陈某某曾先后向上海市奉贤区、虹口区劳动人事争议仲裁委员会申诉，要求确认其与拓耘公司及乐店公司存在劳动关系，均未得到支持，后陈某某不服裁决，将乐店公司起诉到法院。一审法院判定乐店公司与陈某某之间存在劳动关系，后二审法院驳回乐店公司上诉，维持原判。

（二）案例分析

本案中，法院认为乐店公司与慧恩公司虽签署了《灵活用工协议书》，然而，该协议中约定的服务方式为小时工方式，而陈某某在乐店公司的用工形式（如每周工作时间、工资报酬、工资结算期限等）与《劳动合同法》所规定的小时工不符，反而与标准工作制相符，且乐店公司未提供其与慧恩公司就选派人员名单、每月工资数额、工作时间进行确认的依据，亦未提供陈某某与慧恩公司或拓耘公司签订劳动合同的依据，对于陈某某的劳动关系在慧恩公司或拓耘公司的意见不予采纳。鉴于陈某某实际在乐店公司工作，接受乐店公司管理，并需遵守乐店公司相应规章制度约束，认定乐店公司与陈某某存在劳动关系并无不妥。

在本案中，慧恩公司作为人力资源公司，承揽乐店公司业务后又外包给拓耘公司，并由拓耘公司实际与陈某某进行结算，但陈某某的实际用工管理方仍为乐店公司，且系沿用传统劳动用工模式下的用工管理方式，并未真正切换为灵活用工模式，以致最后被判定为二者之间存在事实劳动关系，乐店公司由此承担违法解除劳动合同的法律责任。

上述层层假外包模式在灵活用工行业内并不少见。事实上，基于人力资源公司拥有大量客户资源，不少灵工平台都愿意与人力资源公司合作，以拓宽客户渠道，但风险亦随之而来。

二、灵工平台与人力资源公司的合作模式及法律风险解析

灵工平台与人力资源公司的合作模式最常见的有渠道合作模式与业务外包模式两种，在不同合作模式下，灵工平台面临的法律风险不同。

(一)渠道合作模式

在渠道合作模式下，人力资源公司作为渠道商为灵工平台推荐实际用工企业，由用工企业与灵工平台直接签署协议，灵工平台支付人力资源公司相应推介佣金。

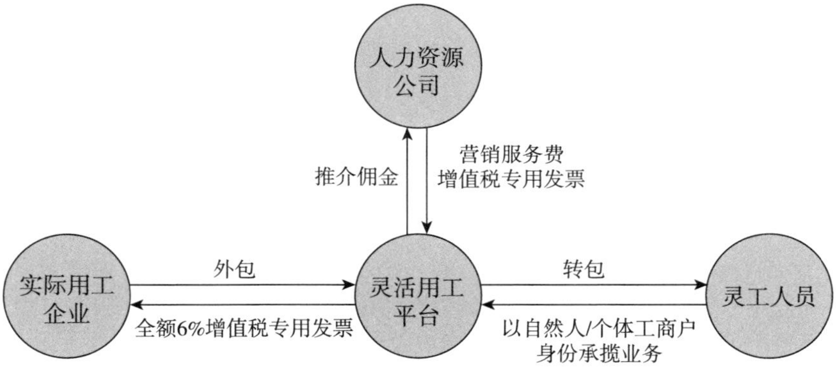

图3-5 渠道合作模式下各方关系图

在该业务模式下，实际用工企业系与灵工平台直接发生关系，因而灵工平台可以直接面对实际用工企业，但仍需注意对实际用工企业所转包业务的真实性及合法性进行核验，以免实际用工企业与人力资源公司联合利用灵工平台虚开增值税发票或拆分人员工资以偷逃税款。

（二）业务外包模式

在业务外包模式下，人力资源公司自实际用工企业承揽业务后，作为用工企业再行转包给灵工平台，由人力资源公司与灵工平台签署协议，并由灵工平台与灵工人员进行结算。

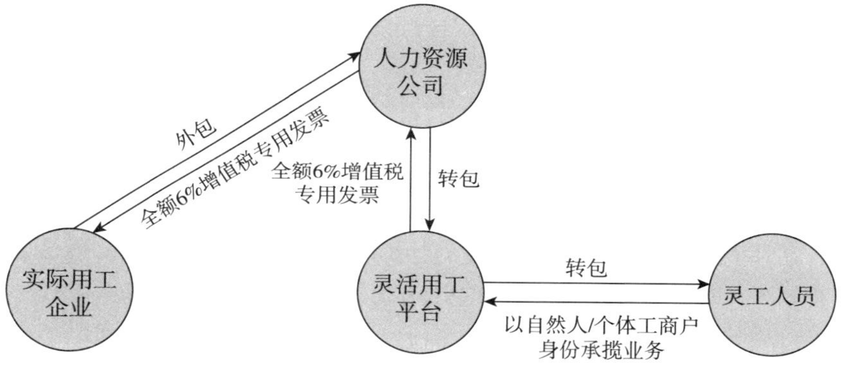

图3-6 业务外包模式下各方关系图

1. 与灵工人员构成事实劳动关系的法律风险

在该种合作模式下，灵工平台并不直面实际用工企业，无法知晓实际用工企业与灵工人员之间是否已切断实质劳动/劳务关系，与灵工人员之间的用工模式是否由传统用工模式转变为灵活用工模式，因此往往未能真正坐实业务外包，仅提供简单的结算服务（如上文所述案例中拓耘公司仅承担向陈某某发放费用的功能）。

根据《确立劳动关系的通知》第2条规定，用人单位未与劳动者签订劳动合同，认定双方存在劳动关系时可参照工资支付凭证或记录（职工工资发放花名册）、缴纳各项社会保险费的记录。因此，灵工平台作为发放服务费的一方，存在被灵工人员要求承担劳动法律关系的风险。如在上文所述案例中，陈某某首先是请求劳动仲裁委员会确认其与拓耘公司的劳动关系，可见除实际用工企业外，灵工平台亦可能存在与灵工人员在劳动关系确认上的纠纷。

2. 涉嫌虚开增值税发票

除此之外，上述合作形态中，若灵工平台未实际履行业务转包功能，而向人力资源公司开具与其自实际用工企业处承揽业务内容所对应的增值税发票，亦将面临涉嫌虚开增值税发票的法律风险。

依据《发票管理办法》第22条及第37条的规定，为他人、为自己开具与实际经营业务情况不符的发票的，属于虚开发票行为，由税务机关没收违法所得；虚开金额在1万元以下的，可以并处5万元以下的罚款；虚开金额超过1万元的，并处5万元以上50万元以下的罚款；情节严重的，甚至可能依据《刑法》第205条的规定，构成虚开增值税专用发票罪。

三、结语

前文介绍了灵工平台与人力资源公司最常见的两种合作形式：渠道合作模式及业务外包模式。在渠道合作模式下，灵工平台虽直面实际用工企业，但仍需注意对实际用工企业所转包业务的真实性及合法性进行核验，警惕虚开增值税发票及拆分员工工资偷逃税款等相关法律风险。

在业务外包模式下，灵工与实际用工企业之间无直接法律关系，无法判断实际用工企业与灵工人员之间的用工模式是否转变，亦无法对实际用工企业的业务真实性进行检验，因而难以坐实业务转包，往往会沦为结算平台，可能面临被认定为与灵工人员存在劳动关系及虚开增值税发票等相关法律风险。

因此，建议灵工平台谨慎评估与人力资源公司合作的法律风险，就实际用工企业转包业务真实性及合法性进行核验；同时实现平台业务转包的实质功能，考察人力资源公司发包及验收行为，并对人力资源公司进行定期风控核查，及时停止与风险较高的人力资源公司的合作。

同时，我们也看到人力资源公司自身正积极转型成灵工平台，在此业务形态的过渡中，同样应把握好总包模式下的各环节法律风险。

第三节　典型案例剖析(上)

在开篇《从Uber案看灵工平台的合规体系构建》中,在对英国最高法院裁定优步(Uber)司机为其“员工(worker)”一案的分析中,笔者发现,英国最高法的裁判核心为“Uber是否对司机施加影响或控制”。施加影响和控制本质是一种管理目标的实现,最终呈现为对劳动者有指导、评价、定价等能力。这就引导灵工平台思考,究竟应该用哪些具体的管理方式去控制服务结果输出的同时,而不被认定为是一种雇佣性质下的劳动关系。

实践中,为划清劳动关系,各灵工平台在实践中形成了以下典型方式:首先,通过要求员工成立个体工商户的方式以避免员工在诉争中具有劳动关系建立的主体资格;其次,通过与员工签订承揽协议等方式与员工建立平等的合作关系。

由此,笔者选取了3个灵活用工模式下劳动关系诉请的最新典型案例,分为上下两篇进行解析。上篇主要阐述了3个典型案例的基本案情,明确法院的裁判要点,并结合实践经验进行判决评析。下篇的主要内容是对法院有关劳动关系与灵活用工关系认定的裁判思路进行总结,厘清法院裁判思路,明晰劳动关系与灵活用工关系的界定维度,剖析法院裁判思路不合理之处,并对法院有关劳动关系的认定维度逐一进行了分析。通过对灵工平台浮于表面、流于形式的简单划清劳动关系的流程进行反思,提出灵工平台在进行系统设计时应当考虑不同劳动关系认定维度下灵工平台所能拥有的“话语权”比重,探索可对灵工人员实施管理的限度,从而为灵工平台合规用工、避免被认定为事实劳动关系的合规解决方案提供基础解决思路。

一、主体资格的划清案例：以规避劳动关系为目的要求员工注册个体工商户行为无效

（一）基本案情[①]

在本案中，被告北京三快公司是美团网平台经营者，通过其关联公司上海三快公司与被告珠海美速达公司签订《配送服务合同》，珠海美速达公司将中山三角地区的美团外卖配送业务外包给被告安徽伯渡公司；安徽伯渡公司通过关联公司广东优活跃公司与被告刘某某签订《承揽服务协议》，由刘某某成立个体工商户在中山范围内承接安徽伯渡公司的美团外卖配送服务，按接单情况结算。被告刘某某在某日配送途中与原告李某生发生交通事故，李某生故诉至法院，要求四被告共同支付交通事故赔偿款。

2020年10月22日，广东省中山市中级人民法院二审认定：

刘某某与安徽伯渡公司构成劳动合同关系；北京三快公司、珠海美速达公司和安徽伯渡公司之间构成联营关系。

（二）裁判要点

1. 在刘某某与安徽伯渡公司构成劳动合同关系的判定中，法院认为：

首先，双方关系具备劳动合同关系的特征。刘某某与安徽伯渡公司签订的《承揽服务协议》约定，安徽伯渡公司制定标准对刘某某的工作内容和工作质量进行考核，刘某某应按该公司要求的时间完成作业；并从“服务费用”中代扣“劳保费”和个税等后向刘某某支付费用。因此，法院认为，根据该协议内容，安徽伯渡公司对刘某某的配送工作进行直接控制、支配和管理。

其次，成立个体工商户的动机不纯。法院认为双方签订的承揽服务合同及登记个体工商户的做法可以反映安徽伯渡公司存在规避劳动合同关系中法律风险的不当动机，相关规避劳动合同关系企业责任的合同内容和行为无效。

---

① 广东省中山市中级人民法院（2020）粤20民终4447号民事判决书。

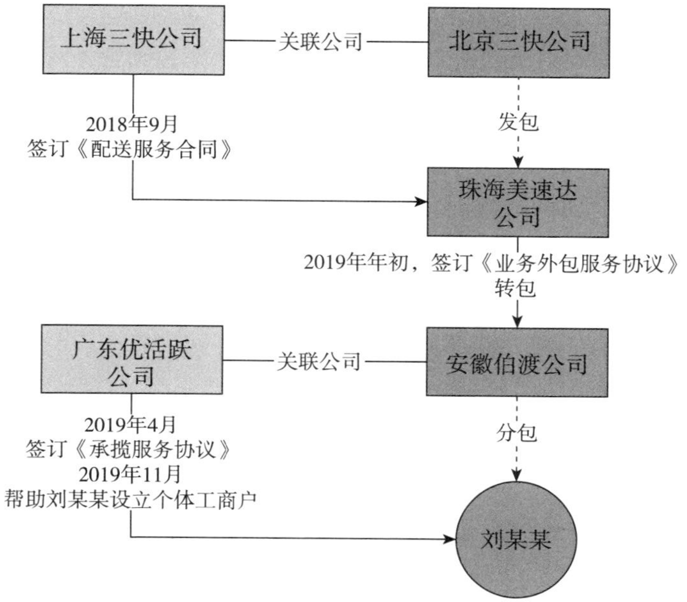

图 3－7　主体资格的划清案例关系图

2. 在北京三快公司、珠海美速达公司和安徽伯渡公司之间构成联营关系的判定中,法院认为:

首先,在事实上,北京三快公司基于骑手配送活动取得相应收益,对配送有严格的时限要求,配送骑手对外普称美团骑手;珠海美速达公司和安徽伯渡公司均可转包配送业务并从美团配送业务费用中分成谋利。

其次,在论证上,由于上述各法人通过美团配送业务收入分成取得相应的经营收入,紧密联系、分工合作,具有合伙联营的特征,依合伙联营处理较能反映各方在美团配送业务中的利益关系和外在表征。因此,三公司应承担连带赔偿责任。

(三)判决评析

在劳动关系的认定判决中,法院依据"实质重于形式"原则认为以规避劳动关系为目的要求员工注册个体工商户的行为无效,双方构成劳动关系。笔者认为,安徽伯渡公司与刘某某建立合作法律关系时,有 3 个与合作关系相背离的要点：一是帮助刘某某成立个体工商户时间晚于《承揽服务协议》签订时间；二是为刘某某代扣“劳保费”和个税；三是制定明确的标准对刘某某进行监督管理。因此，虽然安徽伯渡公司在形式上与个体工商户刘某某是合作关系，但实质上的确具有劳动关系特有的组织、经济、人身从属性的特征。

然而，构成联营关系的判决有待商榷。合伙型联营的根本特征在于需要各联营各方共同向联营体投资，共同经营，共享收益，共担风险。在本案中，珠海美速达和安徽伯渡公司并未曾共同向法院认定的“联营体”美团网投资，更谈不上和北京三快公司共同经营、共享收益，上述二公司仅是美团的服务商，在未对“联营体”投资的情况下，法院将该二公司由转包关系所取得的服务费主观认定为美团配送业务的“分成”实属牵强。

二、承揽协议的签订案例：过于笼统的承揽协议无法认定灵活用工关系

（一）基本案情[①]

被告中铁物流公司将装卸业务外包给益大家服务外包公司，益大家服务外包公司将该业务转包给本案第三人优活跃公司，优活跃公司与邓某签订《承揽服务协议》，受托帮助原告邓某成立个体工商户，并将装卸业务分包给个体工商户邓某。

原告个体工商户邓某在被告中铁公司所属分拨中心卸货时摔伤，中铁公司在邓某受伤后否认其劳动关系导致邓某无法申请工伤认定，故诉求确认其与中铁公司存在劳动关系。

2020年12月17日，四川省成都市新都区人民法院一审判决如下：

确认邓某与中铁物流公司存在劳动关系。

① 四川省成都市新都区人民法院（2020）川0114民初7675号民事判决书。

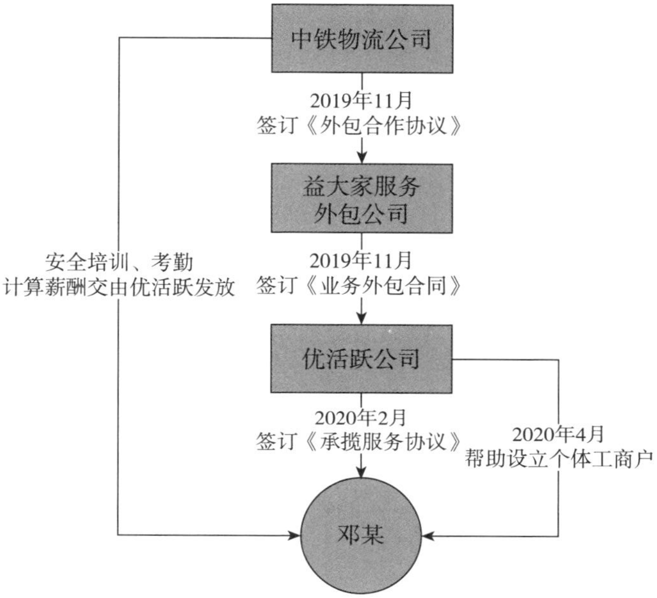

图3-8 承揽协议的签订案例关系图

（二）裁判要点

1. 在邓某与中铁物流公司构成劳动关系的判定中，法院认为：

首先，在主体资格上，中铁公司系依法经过工商登记注册成立的公司法人，其与邓某具有劳动法规定的劳动关系主体资格。

其次，从劳动成果与单位业务的联系来看，邓某在中铁公司的物流分拨中心从事货物装卸工作，邓某所提供的劳动成果直接由中铁公司享有。

最后，从劳动管理过程来看，中铁公司主管每天对邓某等装卸工人进行安全培训、对出工情况进行考勤、对每名装卸工人的完成装卸任务情况进行记录并统计每名装卸工人的报酬。可见邓某直接受到中铁公司管理和安排、规章制度约束，双方据此形成管理与被管理的劳动关系。

2. 对中铁公司提出邓某与优活跃公司签订《承揽服务协议》的抗辩，法院认为：

邓某与优活跃公司签订的《承揽服务协议》并没有明确约定具体的承揽标

的、数量、质量、报酬、履行期限、验收标准和方法等内容，只是笼统地表述为"乙方应根据甲方的安排和合作单位的要求提供相关的服务"等，根据邓某实际工作情况，结合邓某当庭陈述，不足以认定邓某存在以个体工商户身份履行与优活跃公司签订的涉案承揽服务协议的事实。

（三）判决评析

在本案劳动关系的认定判决中，笔者认为，中铁公司与邓某确立法律关系时，未能把握两个关键要点：一是未建立实质上的业务外包关系，对邓某存在具有劳动关系特征的强管理。在业务外包关系中，发包方应当较少参与或不参与管理，由接包方承担全部管理职能。然而，本案的中铁公司却依旧通过安全培训、考勤等方式来控制邓某的行为，被法院认定成立劳动关系也不足为奇。二是未留存邓某以个体工商户身份履行义务的相关证据，《承揽服务协议》过于笼统。灵活用工关系的建立本身就涉及法律的模糊地带，更需要灵工平台建立清晰的业务流程与留痕体系，方能防范风险。

三、分包关系的公示案例：未公示的内部分包关系不可抗辩与员工的外部关系

（一）基本案情[①]

拉扎斯公司是"饿了么"的运营者，将其配送业务外包给被告中诚公司，中诚转包给益大家公司。被告中诚公司与益大家公司签订的《配送业务外包服务合同》中约定"益大家公司外包给个体工商户或个人为中诚公司提供外包服务，费用由益大家公司发放，广州银联公司为中诚公司和益大家公司提供代付业务。益大家公司向李某某等人发放报酬后，再与中诚公司进行结算"。

被告中诚公司是原告配送员李某某服务站点的代理商，原告李某某要求确认与被告中诚公司存在劳动关系。

① 广东省江门市中级人民法院（2020）粤07民终3836号民事判决书。

2020 年 12 月 15 日，广东省江门市中级人民法院二审判决如下：

确认李某某与中诚公司存在劳动关系。

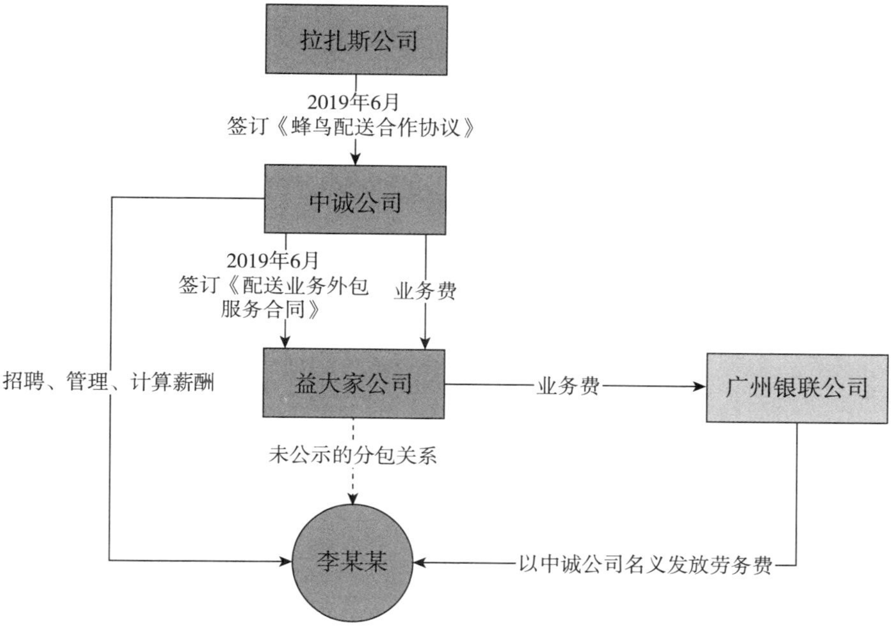

图 3－9 分包关系的公示案例关系图

（二）裁判要点

1. 在李某某与中诚公司构成劳动关系的判定中，法院认为：

首先，从双方主体资格来看，中诚公司与李某某符合法律法规规定的劳动关系主体资格。

其次，从员工是否实际接受企业的管理、指挥或者监督，员工提供的劳动是不是企业业务的组成部分来看，李某某工作站点所属代理商为中诚公司，其工作安排和内容受中诚公司员工支配和管理，其从事的配送业务系中诚公司的业务组成部分。

最后，从企业是否向员工支付报酬等因素来看，李某某的薪资账单上显示工资按月由中诚公司发放，可以认定李某某的工资实际由中诚公司发放的事实。

2. 对中诚公司提出的其与益大家公司系服务外包合作关系，李某某实际由益大家公司招聘的抗辩，法院认为：

由于中诚公司不能举证证明其与益大家公司的内部关系已向李某某等员工公示，故其以该内部关系抗辩与李某某的外部关系不能成立，且对于其所主张的以上其他事实，亦不能进一步举证证明。综上，可以认定李某某与中诚公司存在事实劳动关系。

（三）判决评析

本案中，笔者认为，中诚公司忽视了两个关键要素：一是未向骑手公示分包关系。中诚公司实际上意识到了其与各站点骑手被认定为劳动关系的风险，形式上通过“分包”的方式意图进行劳动关系的划清，以转嫁风险。然而，其实质上却并未建立符合法律要件的分包关系，且忽视了骑手在分包关系建立中的重要作用，让骑手过于“无感”，不知自己为谁工作。从法院的角度，出于公正性和稳定性的考虑，无法作出骑手和“未知”的公司成立劳动关系的判决。二是益大家公司为中诚公司提供的用工解决方案具有瑕疵。若建立了实质上的外包关系，则应当由益大家公司来对该配送业务的全流程负责，亦应当以益大家的名义给李某某发放报酬，本案中却以中诚公司的名义结算薪酬，与业务外包关系存在矛盾，故而法院不认为双方建立灵活用工关系。

四、结语

从上述 3 个典型案例的分析中，我们可以清晰地看到法院“实质重于形式”的裁判思路，如今大部分灵工平台浮于表面的形式上的“灵活”用工形式应当警醒。限于篇幅，笔者将在下一节中具体分析法院的裁判思路，明晰法院对劳动关系与灵活用工关系的界定维度，并剖析法院的裁判思路中有待商榷之处，同时根据灵工平台在处理劳动关系中的现状，提出灵工平台在合规的基础上如何进行有效的系统设计以减少被认定为事实劳动关系的风险。

第四节 典型案例剖析(下)

前文分析了灵活用工模式劳动关系诉请的3个典型案例,接下来笔者将对法院的裁判思路以及灵工平台现状进行具体分析,为灵工平台合规用工(减少事实劳动关系争议案件)提供解决方案。

一、裁判思路总结:劳动关系与灵活用工关系界定的维度

通过上述3个灵活用工典型案例的分析,我们对于法院的劳动关系与灵活用工关系裁判思路总结如表3-2所示:

表3-2 劳动关系、灵活用工关系区分要点表

序号	区分要点	劳动关系	灵活用工关系
1	监督管理:企业是否存在对员工监督管理?员工是否需要遵循企业的规章制度?(通常表现为企业指定工作场所、限定工作时间、提供工作设备)	√	×
2	成果从属:提供的劳动是不是企业业务或经营活动的组成部分?	√	×
3	报酬结算名义:是否以企业名义、以“工资、薪金”类别结算报酬?	√	×
4	报酬结算依据:企业结算报酬依据是劳动时间还是工作成果?	时间	成果
5	劳动持续形式:员工连续性提供劳动还是一次性交付成果?	连续性	一次性

二、裁判思路剖析:现存劳动关系认定依据具有一定的滞后性

通过对案例的分析以及裁判思路的总结,笔者发现,在请求确认劳动关系的案件中,法院依旧依据2005年的劳动和社会保障部发布的《确立劳动关系的通知》来判断个人与组织之间是否存在事实劳动关系,然而,2005年我国尚未出现如今的灵活用工关系,又如何能依据该文件来指导如今的新型用工关系?且该文件自身亦具有其不合理性,仅从"具有主体资格""接受劳动管理""劳动是单位业务的组成部分"三方面就认定存在劳动关系,认定范围过于宽泛,法院的自由裁量权过大。事实上,劳动关系与灵活用工关系之间并非有一条泾渭分明的"红线",而是有一片模糊的"灰色地带",且依据法院裁判思路总结的"劳动关系、灵活用工关系区分要点表"中,也仅仅是从法院的考虑因素出发,提供了可供灵工平台在划清劳动关系的系统设计时的思量维度,并不绝对,亦有待商榷之处。

1. 针对"监督管理"的法律分析

实践中,不同的工作需要的监督管理的程度不同。即使是真实的业务外包关系,如某人承包了某商场的保洁工作,那么商场有权对其工作时间、工作成果作出相应的要求。再如,某公司的送奶工,即使是建立了劳动关系,由于其工作内容简单,用人单位几乎无须作出任何的监督管理。因此,实践用工应用场景中,存在"监督管理"并非劳动关系建立的充分必要因素。

2. 针对"成果从属"的法律分析

事实上,"外包""转包""分包"等词汇多用于建设工程合同中,并非劳动法框架下的专用法律词汇。实践中,通常将"业务外包"理解为"企业将自身的部分业务工作外包给第三方完成,企业主要负责接收外包单位的工作成果,并支付相应费用"。表现形式为"承揽合同"或"委托合同"。也就是说,"业务外包"的定义性质就决定了承包方的劳动成果必定是企业的业务组成部分,因此"成果从属"性不能作为绝对的界定劳动关系与灵活用工关系的依据。

笔者有理由认为,此条款可以更为准确地表述为"提供的劳动是不是企业

关键业务或重要经营活动”。即法院应当考虑到灵工人员提供的劳动占企业业务或经营活动的“重要程度”,越重要则越接近于劳动关系,而不是只要其提供的劳动在企业经营范围内,就属于劳动关系。

3. 针对“报酬结算名义”的法律分析

笔者认为,法院将此条作为认定劳动关系的建立依据比较严谨。若某企业将某项业务外包给第三方企业,该第三方企业将业务再次分包给他人,以该第三方企业的名义结算报酬方符合业务外包的实质;若某企业将某项业务外包给个人,其报酬结算类别也应当是“外包费”或其他,而不应当为“工资、薪金”。

4. 针对“报酬结算依据”的法律分析

笔者推测,该条来源于《民法典》中对于“承揽合同”的定义“承揽合同是承揽人按照定作人的要求完成工作,交付工作成果,定作人支付报酬的合同”。法院据此将“依据成果结算报酬”作为灵活用工关系的特征。然而,报酬结算依据的大多是行业的特性,而非劳动关系的性质。实践中依照时间计费的工作不在少数。如大多数法律服务是按照时间计费,再以固定周期结算。再如,培训服务行业也多是按照时间或课时收费,并不一定与服务产生的最终结果挂钩。

5. 针对“劳动持续形式”的法律分析

与上条类似,实践中即使是真实的业务外包,建立了灵活用工关系,也依据行业性质的不同分为“项目制”和“计时制”。在“项目制”的行业惯例下,以一次性交付劳动成果无可厚非,若是在“计时制”的行业惯例下,就很难依据劳动持续形式来界定是否成立劳动关系。

总之,对于劳动关系和灵活用工关系的界定,无论是从“监督管理”角度还是其他角度出发,都并非对于劳动关系认定的“绝对因素”,而是“相对因素”。笔者认为,实践中用工展现形式呈现多样性,法院已经很难再简单依据16年前的政策文件来直接界定如今的用工法律关系,而是需要通过立法或司法实践,深入了解用工关系现状,包括分析产生的新的业态和新的工种的特性,将之前的裁判思路作为劳动关系确认的考量维度,探索建立全方位的、多角度的、符合真实用工法律关系的裁判思路,从而引导行业健康规范发展。

三、灵工平台现状反思

虽然我们看到现存的法律法规及规范性法律文件在应对新兴行业时的司法实践有一定的模糊性，但仍然是当下灵工平台厘清劳动法律关系时的重要法律依据。

目前大多数灵工平台存在的合规问题中，劳动法律关系就是最核心的问题之一。灵工平台在与灵工人员建立合作关系过程以及日常经营过程中，并未真正与灵工人员建立“实质上的平等合作关系”。笔者在灵工合规项目中就遇到有的灵工平台会采用“先与个人签订合同，再帮助其成立个体工商户”的形式试图规避劳动者的主体资格这一判定劳动关系成立的要件，这种做法在司法裁判中法院往往会予以实质重于形式的判定。

笔者认为，灵工平台在进行合规路径设计时，可以借鉴 Uber 案中英国最高法院通过判定平台对司机所施加影响和控制的程度来识别劳动关系这一视角，从影响和控制程度两个维度加以判定两者之间的法律关系。“影响”和“控制程度”的定义本身是开放而模糊的，这就会在司法实践中带来不确定性，因此灵工平台亟须探索与灵工人员之间在模糊的定义范畴下，就实施管理过程中应该采用的合理手段和方式。

四、总结与展望

自 2016 年起，呈爆发式增长的平台经济催生了海量的新型用工需求，促进了灵活用工行业的快速发展，政府亦看重灵活用工在“保居民就业、保市场主体”方面发挥的积极影响，纷纷出台灵活用工的利好政策。在灵活用工行业一片欣欣向荣的发展前景下，笔者从合规的底层看到，目前大多数灵工平台经营者对于法律框架下的劳动关系的判定要素区分不清，未能做到实质上的平等合作关系，进而无法形成真正意义上众包模式下的承揽法律关系。

上述的实质法律关系的确立本质上与笔者在本书开篇的灵工平台合规体

系构建是契合的,笔者提出了灵工平台除了目前的结算功能和解决人的收益完税问题之外,也应当具有解决人的来源问题(招聘)、人的管理问题(管理手段和法律关系的分离)和人的社会保障问题(福利和成本的分配)的功能。灵工平台只有真正具备这四大核心功能才能构筑起合规体系,实现平台和灵工人员的平等合作关系。

一方面,灵工平台应从四大核心功能出发,为用工企业提供多维度的用工解决方案,为灵工人员提供完善的管理与保障体系;另一方面,灵工平台应当充分了解并重视司法实践的现状,并掌握《电子商务法》《网络交易监督管理办法》等一系列法律法规对平台的监管要求。灵工平台应当清晰地界定劳动法律关系所常见的呈现形态,而避免出现实质上为灵活用工形式,却因不恰当地采用了劳动关系判定下的形式要件,在司法实践过程中造成混淆。因此合理把握上文提及的"影响"和"控制程度"的干扰,以实现灵工平台的用工形式与用工实质都符合法律和商业实质。笔者认为,上述解决方案才是灵工平台的合规出路。

第四章

灵活用工新政解读

新型灵活用工因其多元化的用工形态和弹性的工作方式能够有效补充传统劳动关系，迎合劳动力市场需求，减轻就业压力，促进新经济业态的发展，受到了国家及各级地方政府的高度重视。

在整体监管态度上，“疏”（一方面意识到了灵活用工对于社会发展的积极意义，出台一系列文件鼓励、支持、引导其健康发展）与“导”（另一方面也察觉到了灵活用工市场野蛮生长下对社会带来的不利影响，陆续出台一系列监管措施）并重。

在典型业务模式的规制上，针对“委托代征”与个体工商户“集群注册”分别制定监管政策。

在平台责任与社会保障上，明确平台经营者的报送义务与责任，并开始关注灵活用工这一新型用工模式下灵工人员的权益保障。

第一节　灵工行业新政梳理

互联网行业和平台经济蓬勃发展，新型灵活用工模式应运而生，由于其多元化的用工形态和高弹性的工作方式能够迎合劳动力市场需求，减轻就业压力，促进新经济业态的发展，受到了国家及各级地方政府的高度重视，出台了一系列支持政策。

2021 年 3 月 5 日，我国第十三届全国人大四次会议在北京召开，李克强总理在《2021 年政府工作报告》中明确继续对灵工人员给予社保补贴，推动放开在就业地参加社会保险的户籍限制；将小规模纳税人增值税起征点从月销售额 10 万元提高到 15 万元；对个体工商户年应纳税额不到 100 万元的部分，在现行优惠政策的基础上，再减半征收所得税。各项政策均表明了国家对灵工人员社会保障问题的关注及对小微个体工商户的政策优惠，这对灵活用工行业而言，无疑是极大的促进和鼓励。

深读灵活用工行业相关政策，我们发现政府对待灵活用工这一新生事物上的“疏”与“导”的智慧：一方面意识到了灵活用工对于社会发展的积极意义，出台一系列文件鼓励、支持、引导其健康发展；另一方面也察觉到了灵活用工市场快速发展带来的诸多不合规现象，陆续出台一系列监管措施进行合规治理。

一、“疏”：灵活用工行业的鼓励新政梳理

在新冠肺炎疫情的冲击与就业市场持续存在的总量压力和结构性矛盾相叠加的背景下，2020 年我国就业总体形势面临前所未有的巨大挑战，众多待业人员的就业问题成为各级政府的隐忧。从企业的角度来看，“社保入税”“数字化监管”等政策的正式执行使企业的用工成本激增，多采用降低招聘人数乃至

裁员的方式降低用工成本，进一步加剧了我国劳动者就业的困境。

在此种背景下，根据国家统计局的数据显示，2020 年我国城镇新增就业人数达 1186 万。就业状况整体呈现的“稳中有进”状态，离不开灵活用工在拓宽就业渠道、增加就业机会、降低企业用工成本等方面发挥的作用。2020 年至今，国家和各级地方政府愈加重视灵活用工在“保居民就业、保市场主体”方面发挥的积极影响，纷纷出台灵活用工的利好政策，其中代表性政策详见表 4－1[①]：

表 4－1 灵活用工行业的鼓励新政梳理表

序号	文件名称	基本信息	主要内容
1	国务院办公厅关于应对新冠肺炎疫情影响强化稳就业举措的实施意见	2020.3.18 国务院办公厅 法规性文件	支持多渠道灵活就业。支持劳动者依托平台就业，平台就业人员购置生产经营必需工具的，可申请创业担保贷款及贴息。 取消灵活就业人员参加企业职工基本养老保险的省内城乡户籍限制，对就业困难人员、离校 2 年内未就业高校毕业生灵活就业后缴纳社会保险费的，按规定给予一定的社会保险补贴。
2	国务院办公厅关于支持多渠道灵活就业的意见	2020.7.28 国务院办公厅 法规性文件	强调个体经营、新就业形态等灵活多样的就业方式，是劳动者就业增收的重要途径，对拓宽就业新渠道、培育发展新动能具有重要作用。 提出三个方面政策措施： 一是拓宽灵活就业发展渠道。鼓励劳动者创办小规模经济实体，对高校毕业生等重点群体从事个体经营的，按规定给予创业担保贷款、税收优惠、创业补贴等政策支持。支持发展新就业形态，创造更多灵活就业岗位。 二是优化自主创业环境。取消涉及灵活就业的行政事业性收费。 三是加大对灵活就业保障支持。将灵活就业人员纳入创业培训范围，按规定落实职业培训补贴和培训期间生活费补贴。维护劳动保障权益。研究制定平台就业劳动保障政策。

① 表格中的“基本信息”指发文日期、发文单位及效力层级。

续表

序号	文件名称	基本信息	主要内容
3	国务院办公厅关于以新业态新模式引领新型消费加快发展的意见	2020.9.16 国务院办公厅 法规性文件	提出完善劳动保障政策。鼓励发展新就业形态,支持灵活就业,加快完善相关劳动保障制度。指导企业规范开展用工余缺调剂,帮助有“共享用工”需求的企业精准、高效匹配人力资源。促进新业态新模式从业人员参加社会保险,提高参保率。
4	全国深化“放管服”改革优化营商环境电视电话会议重点任务分工方案	2020.11.1 国务院办公厅 法规性文件	明确要稳定和扩大就业,破除影响就业特别是新就业形态的各种不合理限制,加快调整相关准入标准、职业资格、社会保障、人事管理等政策,适应并促进多元化的新就业形态。把灵活就业、共享用工岗位信息纳入公共就业服务范围,对设立劳务市场或零工市场给予支持、提供便利。
5	国务院关于深化“证照分离”改革进一步激发市场主体发展活力的通知	2021.5.19 国务院 法规性文件	自2021年7月1日起,在全国范围内实施涉企经营许可事项全覆盖清单管理,按照直接取消审批、审批改为备案、实行告知承诺、优化审批服务等四种方式分类推进审批制度改革。
6	关于推进“上云用数赋智”行动 培育新经济发展实施方案	2020.4.7 国家发展改革委、中央网信办 规章性文件	指出要大力发展共享经济、数字贸易、零工经济,支持新零售、在线消费、无接触配送、互联网医疗、线上教育、一站式出行、共享员工、远程办公、“宅经济”等新业态。鼓励发展共享员工等灵活就业新模式,充分发挥数字经济蓄水池作用。支持互联网企业、共享经济平台建立各类增值应用开发平台、共享用工平台、灵活就业保障平台。面向自由设计师、网约车司机、自由行管家、外卖骑手、线上红娘、线上健身教练、自由摄影师、内容创作者等各类灵活就业者,提供职业培训、供需对接等多样化就业服务和社保服务、商业保险等多层次劳动保障。

续表

序号	文件名称	基本信息	主要内容
7	关于支持新业态新模式健康发展激活消费市场带动扩大就业的意见	2020.7.14 国家发展改革委、中央网信办等 规章性文件	明确要以重大项目为抓手创造新需求,培育新的就业形态。主要内容如下: 在发展新个体经济方面,将推动完善保障制度,推广线上线下融合服务,促进自主就业、“副业创新”、多点执业等就业新业态发展,激发市场主体创新创业内生动力; 在强化灵活就业劳动权益保障方面,探索多点执业。探索适应跨平台、多雇主间灵活就业的权益保障、社会保障等政策。完善灵活就业人员劳动权益保护、保费缴纳、薪酬等政策制度,明确参与各方的权利义务关系。结合双创示范基地建设,支持建立灵活就业、“共享用工”服务平台,提供线上职业培训、灵活就业供需对接等就业服务。
8	人力资源社会保障部关于开展人力资源服务行业促就业行动的通知	2020.7.17 人力资源社会保障部 规章性文件	提出要开展促进灵活就业服务、鼓励人力资源服务机构为各类企业,特别是餐饮、快递、家政、制造业等用工密集型企业,提供招聘、培训、人事代理等精细化服务。鼓励人力资源服务机构建立用工余缺调剂平台,为阶段性缺工企业提供供需对接服务。
9	建设高标准市场体系行动方案	2021.1.31 中共中央办公厅、国务院办公厅 法规性文件	指出推进企业注销便利化。实施对个体工商户实行简易注销程序。强调推动户籍准入年限同城化累计互认。除超大、特大城市外,试行以经常居住地登记户口制度。完善全国统一的社会保险公共服务平台,推动社保转移接续。提出引导平台企业健康发展。推动互联网医疗、在线教育、第三方物流、即时递送、在线办公、网上办事等新型服务平台发展,有效发挥平台企业在要素配置中的优化集成作用。

续表

序号	文件名称	基本信息	主要内容
10	2021 年政府工作报告	2021. 3. 5	指出优化和落实减税政策。将小规模纳税人增值税起征点从月销售额 10 万元提高到 15 万元。对小微企业和个体工商户年应纳税所得额不到 100 万元的部分,在现行优惠政策基础上,再减半征收所得税。 强调就业优先政策要继续强化,聚力增效。支持和规范发展新就业形态,加快推进职业伤害保障试点。继续对灵活就业人员给予社保补贴,推动放开在就业地参加社会保险的户籍限制。
11	上海市人民政府关于进一步做好稳就业促发展工作的实施意见	2020. 5. 29 上海市人民政府 地方规章	加大个体工商户扶持力度。个体工商户按单位参加企业职工养老、失业、工伤保险的,参照中小微企业享受减免政策。引导金融机构增加发放低息贷款,定向支持个体工商户。 支持灵活就业和新就业形态。支持劳动者依托平台就业,按照规定给予创业担保贷款及贴息扶持;引导平台企业放宽入驻条件、降低管理服务费,与平台就业人员就劳动报酬、劳动保护等建立沟通协调机制。全面推进灵活就业登记制度。
12	广东省灵活就业人员服务管理办法(试行)	2020. 7. 30 广东省人力资源和社会保障厅、广东省财政厅 地方规章	明确新就业形态人员(包括依托电子商务、网络约车、网络送餐、快递物流等新业态平台实现就业,但未与新业态平台相关企业建立劳动关系的从业人员)、个体经营则均属于灵活就业人员。 健全了灵活就业人员享受多层次社会保障体系。灵活就业人员(含外省户籍)可凭有效身份证件和就业登记证明在就业地参加企业职工基本养老保险。试行在单位就业的非劳动关系特定人员参加工伤保险办法。 规定新就业形态人员符合规定可享受一系列贷款优惠政策,体现了政府对灵活就业人员的扶持。

续表

序号	文件名称	基本信息	主要内容
13	广东省灵活就业人员参加企业职工基本养老保险办法	2021.4.20 广东省人力资源和社会保障厅、国家税务总局广东省税务局、广东省财政厅 地方规章	规定按照自愿原则,国家和广东省规定的灵工人员,可以个人身份申请参加企业职工基本养老保险,由个人缴纳基本养老保险费。全面取消灵工人员户籍参保门槛。
14	北京市人力资源和社会保障局支持多渠道灵活就业实施措施	2020.9.29 北京市人力资源和社会保障局 地方规章	明确了灵工人员的定义和范围。灵活就业人员范围包括:个体经营者、非全日制从业人员、新就业形态人员(包括依托电子商务、网络约车、网络送餐、快递物流等新业态平台实现就业,但未与新业态平台相关企业建立劳动关系的从业人员)及法律、法规、规章规定的其他灵工人员。 鼓励毕业生实现灵活就业,对2020年及以后毕业离校2年内的初次就业为灵活就业的本市高校毕业生,给予最长不超过3年的灵活就业社会保险补贴。 维护新就业形态人员劳动保障权益。
15	平台经济集群注册登记管理办法	2020.12.10 海南省市场监督管理局 地方规章	规定了可申请集群注册的个体商户和提供托管服务的平台企业的条件,明确集群注册的登记和平台对集群注册个体工商户的监管。
16	国家税务总局湖南省税务局关于进一步优化灵活用工互联网平台经济税收服务和管理的若干意见	2021.4.29 国家税务总局湖南省税务局 地方规章	要求税务机关、依法履行税务机关委托代征管理职责,推动和支持平台企业在湖南省落户运营和持续发展。 结合平台经济特点和纳税人需求,为平台企业提供更便利、更快捷的线上办税缴费服务,支持代理灵活用工注册会员办理涉税登记、支持平台企业根据法定涉税代理授权,代理已办理涉税登记的灵活用工申请代开增值税发票等。

续表

序号	文件名称	基本信息	主要内容
17	关于对互联网灵活用工平台及零工服务平台实施包容审慎监管的指导意见（征求意见稿）	2021.6.26 海南省市场监督管理局 地方规章	提出要建立互联网灵活用工平台及零工服务平台的“白名单制度”。通过创新集群注册个体工商户住所（经营场所）登记办法及优化集群注册个体工商户数据采集业务规则等方式优化完善市场准入条件，降低互联网灵活用工平台及零工服务平台“白名单”企业的合规成本。 指出对互联网灵活用工平台及零工服务平台“白名单”企业通过以下方式实行包容审慎监管：（一）实行“合格假定”管理；（二）完善风险管控体系；（三）积极推进协同共治。
18	浙江省数字经济促进条例	2020.12.25 浙江省人民代表大会 地方法规	加强对数字经济新业态用工服务的指导，积极探索灵活多样的用工方式，制定和完善数字经济新业态从业人员在工作时间、报酬支付、保险保障等方面规定，保障数字经济新业态从业人员的合法权益。 数字经济新业态从业人员通过互联网平台注册并接单，提供网约车、外卖或者快递等劳务的，平台经营者可以通过单险种参加工伤保险的形式为从业人员提供工伤保险待遇。平台经营者单险种参加工伤保险的，社会保险经办机构应当予以办理。

由表4－1可以看出，国家及地方政府出台的灵活用工利好政策主要从以下两个层面支持灵活用工行业的发展：

在宏观层面上，国家多次发文强调要支持多渠道灵活就业，鼓励共享用工平台、个体经营等新就业形态的发展，北京、广东等地方政府更是明确将网络送餐、快递物流等新业态平台实现就业人员纳入灵活就业范畴，为灵工平台的发展提供了明确的政策支持与导向。

在微观实操层面上，可整体将各级政府的支持政策分为以下三类：第一，健全社会保障体系制度。国家提出要推动完善和全国社保转移接续，地方也纷纷试行灵工人员参保政策。第二，提出贷款优惠与社保补贴政策。政府提出对依托平台就业的劳动者给予一定的贷款补贴政策、社保补贴政策,体现了对灵工人员的支持。第三,便利个体工商户注册。其中,海南省市场监督管理局制定的《平台经济集群注册登记管理办法》(以下简称《注册登记(正式稿)》)首次将集群注册的概念运用于线上场景之中,且各级政府出台的关于简化个体登记等规范显现出政策趋向于向个体工商户模式方向引导灵活用工发展。

二、"导":灵活用工行业的监管新政梳理

在鼓励支持灵活用工行业发展的同时,各级政府部门也敏锐地察觉到,由于我国灵活用工行业刚刚兴起,相关市场乱象丛生,实践中存在税收征管、个人信息安全等诸多风险点,加之灵活用工行业基于平台海量灵工人员,很容易延展和增加其他功能板块,如网络招聘、保险金融、征信业务等增值服务,相关法律制度、行业规范亟须完善,因而陆续出台了一系列监管政策,以期促进灵活用工行业的持续健康发展。

表 4-2 灵活用工行业监管政策梳理表

序号	文件名称	基本信息	主要内容
1	个人信息保护法	2021.8.20 全国人大常委会	明确了适用范围、确立了个人信息处理应遵循的原则、强调了个人信息处理者的合规管理和保障个人信息安全等义务。利用信息进行自动化决策,应当保证决策透明度。
2	数据安全法	2021.6.10 全国人大常委会	聚焦数据安全领域的风险隐患,加强国家数据安全工作的统筹协调,确立了数据分类分级管理,数据安全审查,数据安全风险评估、监测预警和应急处置等基本制度。通过建立健全各项制度措施,提升数据安全保障能力。

续表

序号	文件名称	基本信息	主要内容
3	关于国务院第七次大督查收集转办部分意见建议情况的通报	2020. 11. 28 国务院办公厅督查室	探索建立灵工人员劳动保障制度。现行法律法规对灵活用工的法律关系认定基本处于空白,灵工人员面临劳动用工关系界定难、社会保障程度弱等问题,影响了灵工人员工作积极性。建议有关部门探索建立适应新就业形态的劳动用工和社会保障制度。
4	最高人民法院关于审理使用人脸识别技术处理个人信息相关民事案件适用法律若干问题的规定	2021. 7. 27 最高人民法院	该规定适用于平等民事主体之间因使用人脸识别技术处理人脸信息所引起的相关民事纠纷。信息处理者使用人脸识别技术处理人脸信息,或者虽然没有使用人脸识别技术但是处理基于人脸识别技术生成的人脸信息,均属于该规定的适用范围。 涉及的责任承担既包括侵权责任,也包括违约责任,受侵害的权益既包括个人信息权益,也包括肖像权、隐私权、名誉权等人格权以及财产权。
5	网络招聘服务管理规定	2020. 12. 18 人力资源和社会保障部	明确经营性人力资源服务机构从事网络招聘服务,应当依法取得人力资源服务许可证,涉及经营电信业务的还应当取得电信业务经营许可证。 针对网络招聘领域所暴露出的用户个人信息泄露、虚假招聘、利用招聘从事违法违规行为等问题等乱象,从网络招聘服务定义及适用主体、网络招聘服务准入、网络招聘服务规范、网络招聘监督管理以及违规行为及法律责任等方面进行规制。 规范了网络招聘信息审查、信息保护、信息使用和保存、收费管理等服务事项,明确了监督检查、诚信建设、年度报告、信息共享等管理措施。

续表

序号	文件名称	基本信息	主要内容
6	网络安全审查办法(修订稿征求意见稿)	2021.7.10 网信办	实质性地扩大了网络安全审查的适用范围,其多处修改均体现了国家对数据安全问题的高度重视,例如,掌握超过100万用户个人信息的运营者赴国外上市,必须向网络安全审查办公室申报网络安全审查。明确要求"数据处理者开展数据处理活动,影响或可能影响国家安全的"应进行网络安全审查。
7	关于落实网络餐饮平台责任切实维护外卖送餐员权益的指导意见	2021.7.16 国家市场监管总局、国家网信办、国家发展改革委等	保障劳动收入方面,要求平台建立与工作任务、劳动强度相匹配的收入分配机制,确保外卖送餐员正常劳动所得不低于当地最低工资标准,不得将"最严算法"作为考核要求,通过"算法取中"等方式,合理确定订单数量、准时率、在线率等考核要素,适当放宽送时限制。 完善社会保障方面,督促平台及第三方合作单位为建立劳动关系的外卖送餐员参加社会保险,支持其他外卖送餐员参加社会保险,按照国家规定参加平台灵活就业人员职业伤害保障试点。
8	关于维护新就业形态劳动者劳动保障权益的指导意见	2021.7.16 人力资源社会保障部、国家发展改革委、交通运输部等	明确根据用工事实认定企业和劳动者的关系,依法依规处理新就业形态劳动者劳动保障权益案件。 此外,企业要依法合规用工,积极履行用工责任,对符合确立劳动关系情形、不完全符合确立劳动关系情形但企业对劳动者进行劳动管理的新就业形态劳动者权益保障承担相应责任。平台企业采取劳务派遣、外包等合作用工方式的,与合作企业依法承担各自的用工责任。

续表

序号	文件名称	基本信息	主要内容
9	网络安全标准实践指南——移动互联网应用程序(App)个人信息保护常见问题及处置指南	2020.9.20 全国信息安全标准化技术委员会	给出App个人信息保护十大常见问题类型:未说明收集使用的个人信息目的、方式、类型,隐私未征得同意,超范围收集,强制捆绑授权、未经同意向第三方提供个人信息,未提供删除、更正或投诉举报途径等,同时给出了问题相应的处置建议。
10	对十三届全国人大三次会议第8765号建议的答复	2020.8.27 国家税务总局	办理税务登记的自然人可享受月销售额10万元以下的免征增值税政策;未办理税务登记的自然人按次缴纳增值税。并提出根据纳税人在平台提供劳务或从事经营的经济实质判定灵活用工人员取得的收入是否作为经营所得计税。
11	征信业务管理办法(征求意见稿)	2021.1.11 中国人民银行	对信用信息和征信业务作了明确规定。并就征信机构的信息采集、信息整理、保存和加工,信息提供和使用,信息安全和监督管理进行了规定。
12	共享经济灵活就业人员管理与服务平台基本安全要求	2020.12.4 天津市监局	规定了灵工平台在开展各项活动及软件平台开发过程中的安全基本要求,包括系统安全、应用安全、数据安全、管理安全,适用于指导灵工平台及相关产品在技术、业务、管理等方面的安全过程,可用于共享经济灵工人员管理与服务机构。
13	关于规范新就业形态下餐饮网约配送员劳动用工的指导意见(试行)	2021.4.14 南京市人社局、南京市市监局、南京市司法局、南京市公安局	明确了各方的法律关系,即专送骑手项下,配送合作商与骑手之间构成劳动关系(全日制及非全日制)或实际用工关系(劳务派遣);在众包骑手项下,平台企业与骑手之间原则上构成灵活用工关系,但也不排除构成事实劳动关系的可能性。

通过表4-2的梳理总结,我们看到:一方面,针对灵活用工行业的税收征管、个人信息安全等问题,各部门通过诸如表4-2第10项的《8765号答复》等

文件给出了较明确的回应，同时实践中，针对一些灵工平台滥用委托代征资质的问题，各地税务局也积极采取了具体的严控措施，并对委托代征资质的发放进行限制；另一方面，国家通过《网络招聘服务管理规定》《个人信息保护法》及一系列国家标准等从平台具备的不同功能的角度对灵工平台延伸服务的合规经营提出监管要求。此外，针对灵工平台可能开展的网络招聘、征信等业务，亦陆续出台了相关政策进行规制。

三、“疏而导之”：灵活用工行业可持续发展

堵则溢，疏则顺；堵而抑之，不如疏而导之。基于灵活用工这种新就业形态的灵活性和包容性，既有利于减轻就业困难群体的就业压力，增加就业人员收入，亦有利于降低企业用工成本，促进即时配送、第三方物流、直播电商等新兴产业的规范发展，成为我国“稳就业，稳民生”的重要抓手。国家及各级政府愈加重视灵活用工在推动社会发展、促进经济增长等方面的作用，因此，一方面通过鼓励、包容、支持等一系列政策积极推动灵工平台的发展；另一方面又通过监督、管理措施来引导其健康发展。

由此可见，灵活用工行业处于风口，灵工平台应当审时度势，充分利用好政策优势，合理合规利用平台数据资产，积极向网络招聘、征信服务等增值方向延伸，构筑和完善平台的合规体系，实现增加就业、创造收入的同时，为平台上的灵工人员提供更多机会和福利，方能持续健康发展。

第二节 国税总局对灵工平台的新政

上文的政策梳理中,有一项对灵工平台较为重要的税法政策文件:国税总局于 2020 年 10 月发布的《8765 号答复》。其中涉及与灵活用工相关的部分,笔者从法律和实操的视角进行解读。

在《8765 号答复》中,灵活用工相关内容一共包括以下三个核心部分:第一部分是关于灵活用工主体的增值税;第二部分是关于灵工平台的企业所得税;第三部分是关于灵活用工主体的个人所得税。

从经营者的经营行为角度出发,税收主要由增值税和所得税构成。在判定灵工人员作为经营者是否需要交纳增值税的问题时,实践中一直存在争议。因此,《8765 号答复》作了明确的操作指引:

第一部分:关于平台企业存在自然人无法视同登记户享受增值税起征点优惠

根据《增值税暂行条例》及其实施细则、《财政部　国家税务总局关于全面推开营业税改征增值税试点的通知》(财税〔2016〕36 号)附件 1《营业税改征增值税试点实施办法》规定,纳税人销售额未达到国务院财政、税务主管部门规定的增值税起征点,免征增值税;达到起征点的,应全额计算缴纳增值税。按期纳税的纳税人,增值税起征点为月销售额 5000 元至 2 万元;按次纳税的纳税人,增值税起征点为每次(日)销售额 300 元至 500 元。目前全国各地均按照最高额度确定起征点。

2019 年,为贯彻落实党中央、国务院决策部署,进一步支持小微企业发展,国家税务总局会同财政部印发《关于实施小微企业普惠性税收减免政策的通知》;2021 年,财政部、税务总局印发《关于明确增值税小规模纳税人免征增值税政策的公告》,规定自 2021 年 4 月 1 日至 2022 年 12 月 31 日,对月销售额 15

万元以下(含本数)的增值税小规模纳税人,免征增值税。

自然人能否享受小规模纳税人月销售额15万元以下免税政策,需要根据其业务实际情况进行判断。按照上述规定,自然人持续开展经营业务的,如办理了税务登记,并选择按期纳税,履行按期申报纳税义务,则可以按规定享受小规模纳税人月销售额15万元以下免税政策;自然人不经常发生应税行为的,如未办理税务登记,或只选择了按次纳税,则应按规定享受按次纳税的起征点政策。

笔者解读:

上述表述,就自然人作为灵活用工主体时如何交纳增值税给出了十分清晰的结论。具体需要区分两种情况:一种是可享受免税,但需要以办理税务登记为前提,方可享受小规模纳税人月销售额15万元以下的免征增值税政策;另一种是不享受免税,即在未办理税务登记情形下,按次缴纳增值税。

在实践中,大部分灵工平台在委托代征模式下,没有实现自然人的税务登记,因而此类灵工平台需要重新审视和评估增值税的纳税义务和法律风险。

因此,这部分将陡然增加以委托代征为主要运营模式的灵工平台的增值税交纳成本与合规成本。

因此,《8765号答复》其实指明了两种合规路径:一种是进行税务登记,这将面临巨大的合规成本;另一种是不进行税务登记,那就将面临月收入2万元以上或次收入500元以上3%以上的增值税成本。

第二部分:关于允许内控机制完善的平台经济使用内部凭证列支成本费用

《企业所得税税前扣除凭证管理办法》明确规定了内部凭证作为税前扣除凭证的一般要求和具体情形,在一定程度上与代表所提建议是一致的。例如,根据该办法第8条的规定,税前扣除凭证按照来源分为内部凭证和外部凭证,内部凭证是指企业自制用于成本、费用、损失和其他支出核算的会计原始凭证。再如,根据该办法第9条、第10条的规定,企业在境内发生的支出项目属于增值税应税项目的,对方为依法无须办理税务登记的单位或者从事小额零星经营业务的个人,其支出以税务机关代开的发票或者收款凭证及内部凭证作为税前扣除凭证;企业在境内发生的支出项目不属于增值税应税项目的,对方为个人的,以内部凭证作为税前扣除凭证。这些规定能够解决平台企业在一定条件下使用内部凭证作为税前扣除凭证的问题。

如果允许平台企业所有经营活动均使用内部凭证列支成本费用,在企业所得税征管上会造成平台企业与非平台企业之间的差异,不利于营造公平竞争的市场环境。特别是增值税应税项目如果均使用内部凭证作为税前扣除凭证,不利于增值税发票的规范管理,破坏了增值税抵扣链条的完整性,易引发偷漏税风险。因此,建议平台企业依法依规使用内部凭证和外部凭证列支成本费用。

笔者解读:

《企业所得税法》施行以来,内部凭证一直是税务机关和企业之间难分难解的心病。之所以在税法上认可内部凭证可列支税前扣除,一方面是为了与“国际接轨”,另一方面是考虑到税法上的“实质判定”原则,但这种美好的愿望,到了实操层面却很难实现,原因在于基层税务部门根本无法做到“火眼金睛”,所以容易出现“不公平”现象。对此,《8765 号答复》用了很恰当的表述,即因为“不利于营造公平竞争的市场环境”,从而杜绝“自由裁量”。

第三部分:关于明确灵工人员从平台获得的收入作为经营所得

根据《个人所得税法》及有关规定,灵工人员从平台获取的收入可能包括劳务报酬所得和经营所得两大类。灵工人员在平台上从事设计、咨询、讲学、录音、录像、演出、表演、广告等劳务取得的收入,属于“劳务报酬所得”应税项目,由支付劳务报酬的单位或个人预扣预缴个人所得税,年度终了时并入综合所得,按年计税、多退少补。灵工人员注册成立个体工商户或者虽未注册但在平台从事生产、经营性质活动的,其取得的收入属于“经营所得”应税项目,“经营所得”以每一纳税年度的收入总额减除成本费用以及损失后的余额为应纳税所得额,适用经营所得税率表,按年计税。

因此,灵工人员取得的收入是否作为经营所得计税,要根据纳税人在平台提供劳务或从事经营的经济实质进行判定,而不是简单地看个人劳动所依托的展示平台,否则容易导致从事相同性质劳动的个人税负不同,不符合税收公平原则。比如,从事教育培训工作的兼职教师,在线下教室里给学生上课取得收入按劳务报酬所得缴税,在线上平台的直播间给学生上课取得收入按经营所得缴税，同一性质劳动，不宜区别对待。

笔者解读：

《8765 号答复》一出，对于采用将自然人注册为个体工商户模式的灵工平台是显著利好。对于列举的“设计、咨询、讲学、录音、录像、演出、表演、广告”这 8 个行业的灵活用工主体而言，这意味着其只能严格按照“劳务报酬所得”来界定其所取得的收入性质，无法通过灵工平台走委托代征模式从而核定征收个人所得税。但是，千万不要遗漏了《8765 号答复》中还有一个“等”字。根据 2019 年 1 月 1 日实施的《个人所得税法实施条例》第 6 条的规定：“个人所得税法规定的各项个人所得的范围：……（二）劳务报酬所得，是指个人从事劳务取得的所得，包括从事设计、装潢、安装、制图、化验、测试、医疗、法律、会计、咨询、讲学、翻译、审稿、书画、雕刻、影视、录音、录像、演出、表演、广告、展览、技术服务、介绍服务、经纪服务、代办服务以及其他劳务取得的所得……”

所以，《8765 号答复》中“等”对应的完整版应该是《个人所得税法实施条例》中列举的 26 项劳务项下的收入属于劳务报酬所得。我们通常看到一些灵工平台通过委托代征模式进行个人所得税核定征收大多会触及上述 26 个列举项内容，比如《8765 号答复》中提及的兼职老师授课，属于讲学范畴；又如，医师提供在线医疗咨询服务，属于咨询范畴；再如，大量的兼职设计师提供的设计服务，落入设计范畴。而根据《8765 号答复》，都将不被允许进行核定征收，只能归类为劳务报酬所得，适用 3% ~45% 的累进税率。

解读结论：

从《个人所得税法》颁布实施的时点分析，个人的多种经营性（除线下个体工商户模式）行为尚未被关注到，但是囿于法律文件的严格解读，结合对《8765 号答复》的阐释，笔者认为，这并不是对灵活用工行业的限制，而可能是对灵活用工行业选择模式的引导。为避免劳务报酬所得和经营所得范围混同，而引导灵工平台尽量走个体工商户模式，减少与《增值税暂行条例》和《个人所得税法实施条例》相冲突。

第三节 广东新政对灵工平台的支持

笔者在梳理2018年至2021年于中国裁判文书网公开可检索的与灵活用工模式相关的54起劳动关系确认相关争议案例中，发现灵工人员提起确认劳动关系的案件中，由工伤认定纠纷引起的案例占到总数的37%。

一般而言，在灵活用工业务模式项下，灵工人员与灵工平台或用工企业之间为合作关系，灵工平台或用工企业没有为灵工人员缴纳社保及公积金的法定义务，单凭社保缴纳行为也难以认定灵工人员与灵工平台或用工企业存在事实劳动关系。

如在王某某诉上海温石文化传媒有限公司劳动合同纠纷案①中，法院认为本案中虽然上海温石公司存在为王某某缴纳社保、公积金的行为，但双方的关系不具有明显的人身与财产上的从属性，也未显示出明确的建立劳动关系的合意，其社保、公积金也系经上海温石公司建议、王某某同意后的挂靠式的代缴，相关费用中单位和个人负担部分均由王某某承担，故最终认定双方之间不存在劳动关系。

在此种情况下，部分灵工人员对灵活用工模式产生质疑，认为其合法权益无从保障，不利于灵活用工市场及灵工平台的持续发展。对此，广东省人力资源和社会保障厅、广东省财政厅专文发布《广东省灵活就业人员服务管理办法（试行）》（以下简称《管理办法（正式稿）》），为保障灵活用工人员②的合法权益提供新的法规指引。该《管理办法（正式稿）》目前已于2020年9月1日起正式施行，有效期至2022年8月31日。

---

① 上海市浦东新区人民法院（2018）沪0115民初61915号民事判决书。

② 基于《管理办法（正式稿）》中对灵工人员的统一表述，本节皆以“灵活就业人员”指代灵工人员。

相较于此前出台的《广东省灵活就业人员用工服务管理办法(征求意见稿)》(以下简称《管理办法(征求意见稿)》),《管理办法(正式稿)》保留了灵活就业人员就业登记、就业信息采集及社保补贴等方面规定,在灵工人员养老保险缴纳等方面做出较大改动,灵活就业人员可凭有效身份证件在户籍地参加企业职工基本养老保险,灵活就业人员(含外省户籍)可凭有效身份证件和就业登记证明在就业地参加企业职工基本养老保险。

对此,本书将分为两个部分就《管理办法(正式稿)》与《管理办法(征求意见稿)》中对灵活就业人员/新业态平台定义、就业/失业登记、养老/工伤保险、社保补贴、创业扶持及矛盾化解等要点进行对比梳理与总结,并就《管理办法(正式稿)》的亮点进行解读,以期为各灵活用工平台及灵活就业人员提供借鉴与参考。

一、《管理办法(正式稿)》与《管理办法(征求意见稿)》之对比梳理

表4-3 《管理办法(正式稿)》与《管理办法(征求意见稿)》对比梳理表

序号	要点	《管理办法(征求意见稿)》	《管理办法(正式稿)》
1	定义		
1-1	灵活就业人员	指在广东省行政区域内,通过临时性、非全日制、季节性、弹性工作等灵活方式实现就业的人员,具体包括: (1)无雇工的个体工商户; (2)在用人单位就业的非全日制从业人员; (3)依托电子商务、网络约车、网络送餐、快递物流等新业态平台实现就业,与新业态平台签订相关服务协议,但未建立劳动关系的从业人员; (4)法律、法规、规章规定的其他灵活就业人员。	该办法所称灵活就业人员主要包括: (1)个体经营者; (2)非全日制从业人员; (3)新就业形态人员(包括依托电子商务、网络约车、网络送餐、快递物流等新业态平台实现就业,但未与新业态平台相关企业建立劳动关系的从业人员); (4)法律、法规、规章规定的其他灵活就业人员。

续表

序号	要点	《管理办法(征求意见稿)》	《管理办法(正式稿)》
1-2	新业态平台	采用依托平台进行交易商业模式的企业,平台是指连接多方供求的虚拟或真实的交易场所。	已删除
2	就业登记		
2-1	办理地点	就业地公共就业人才服务机构	无变化
2-2	登记信息	填报个人信息、就业类型等就业信息,并对信息的真实性作出书面承诺,无需提供就业证明材料。	无变化
2-3	审核流程	公共就业人才服务机构应当通过比对社保登记、工商登记、纳税情况等信息核查登记信息。核查无误的,原则上在1个工作日内办理就业登记手续。无法核查通过的,应当要求灵活就业人员提供相应就业证明材料。	公共就业人才服务机构应当通过比对社保登记、工商登记、纳税情况等信息核查登记信息。核查无误的,原则上在1个工作日内办理就业登记手续。
2-4	视同登记	(1)灵活就业人员已在用人单位参加社会保险的; (2)工作时长达到60小时/月且劳动收入达到当地最低工资标准的,纳入就业登记数据库,视同办理就业登记并以适当方式及时告知劳动者本人。	(1)灵活就业人员已在用人单位参加社会保险的; (2)工作时长一个自然月每周工作时长超过1小时且劳动收入达到当地最低工资标准的,可纳入新增就业统计。
3	新业态平台灵活就业人员就业信息采集制度		
	1.信息采集:对通过新业态平台实现灵活就业人员的工作时长、劳动收入、工作地点、联系方式等信息进行定期采集、汇总比对分析; 2.新业态平台补助:新业态平台按信息采集制度要求提供相关信息的,按纳入登记人数给予适当补助。		无变化
4	失业登记		
4-1	办理地点	在户籍地、常住地办理失业登记	按规定在户籍地、常住地、就业地或参保地办理失业登记。

续表

序号	要点	《管理办法(征求意见稿)》	《管理办法(正式稿)》
4-2	办理方式	通过电子社保卡、网站、掌上App、小程序等渠道推行就业失业登记服务,逐步实现全流程网办理。	已删除
4-3	登记流程	办理失业登记应当提供个人基本信息和失业原因,并对信息的真实性作出书面承诺,无需提交失业证明材料。	无变化
4-4	审核流程	(1)各地不得以人户分离、户籍不在本地或没有档案等为由不予受理; (2)公共就业人才服务机构应当通过比对社保登记、工商登记、纳税情况等信息加强核查。核查无误的,原则上在3个工作日内办理就业登记手续。无法核查通过的,应当要求灵活就业人员提供相应就业证明材料。	(1)各地不得以人户分离、户籍不在本地或没有档案等为由不予受理; (2)公共就业人才服务机构应当通过比对社保登记、工商登记、纳税情况等信息加强核查。核查无误的,原则上在一个工作日内办理失业登记手续。
5	养老保险		
	鼓励和引导灵活就业人员参加企业职工基本养老保险: 1. 本省户籍:在省内跨市流动就业的本省户籍灵活就业人员,可在就业地参加企业职工基本养老保险; 2. 外省户籍:已在广东省办理就业登记的外省户籍灵活就业人员,且在广东省实际缴纳企业职工基本养老保险费累计满5年的,可按规定在就业地参加企业职工基本养老保险。		鼓励和引导灵活就业人员参加企业职工基本养老保险: 1. 户籍地办理:灵活就业人员可凭有效身份证件在户籍地参加企业职工基本养老保险。 2. 就业地办理:灵活就业人员(含外省户籍)可凭有效身份证件和就业登记证明在就业地参加企业职工基本养老保险。
6	工伤保险		
6-1	多元职业伤害保障体系	构建多元化的灵活就业人员职业伤害保障体系	已删除

续表

序号	要点	《管理办法(征求意见稿)》	《管理办法(正式稿)》
6-2	非全日制从业人员工伤保险	用人单位应当为其非全日制从业人员参加工伤保险。在两个或两个以上用人单位同时就业的非全日制从业人员,由各用人单位分别为其缴纳工伤保险费,依法享有工伤保险待遇权利。	无变化
6-3	非劳动关系人员工伤保险	探索研究在单位就业的非劳动关系特定人员参加工伤保险办法。在用工单位就业的非劳动关系人员,可以由用工单位为其缴纳工伤保险费,参照工伤保险规定享受工伤保险待遇权利。	试行在单位就业的非劳动关系特定人员参加工伤保险办法。在用工单位就业的非劳动关系人员,可以由用工单位为其缴纳工伤保险费,参照工伤保险规定享受工伤保险待遇权利。
7	职业伤害保障试点		
7-1	按照国家部署开展新业态从业人员职业伤害保障试点,参照工伤保险规定,探索创新保障制度,确定合适的保障条件、待遇标准等。		按照国家部署,在广州、深圳、佛山市开展新就业形态人员职业伤害保障试点。
7-2	条件成熟时,在全省范围推行职业伤害保障制度,为新业态从业人员提供稳定的职业伤害保障。		根据试点情况逐步建立健全职业伤害保障制度,将各类新就业形态人员纳入职业伤害保障范围。
8	社保经办		
8-1	社保经办“不见面”	社保经办机构应推行“不见面”服务,实现网上办、掌上办、邮寄办。	已删除
8-2	社保经办服务模式	建立“告知承诺—信用管理—联合惩戒”服务模式,加大对用人单位和参保个人的诚信管理,创新稽核内控管理方式。	建立“告知承诺—信用管理—联合惩戒”服务模式,优化办事流程、简化证明材料、创新服务手段、提高服务效能。

续表

序号	要点	《管理办法（征求意见稿）》	《管理办法（正式稿）》
8－3	社保经办办理方式	扩大社保卡运用，充分利用数字政府资源和全省人社大集中系统平台优势，加大部门数据共享利用，提高经办服务效能。	充分利用数字政府资源和全省人社大集中系统平台优势，加大部门数据共享利用，完善人社政务服务线上业务办理，逐步推行就业失业登记、社保经办、政策享受等全流程网办。
9	就业服务		
9－1	公共就业服务机构	公共就业服务机构应加强灵活就业人员就业需求摸查，对有转岗需求或到单位就业意愿的人员，提供个性化、精准化的职业指导、岗位推荐等服务。	公共就业服务机构应加强岗位信息发布和引导，将新业态平台企业灵活用工需求纳入常规岗位信息发布渠道，对有转岗需求的人员，提供个性化、精准化的职业指导、岗位推荐等服务。
9－2	经营性人力机构	经营性人力资源服务机构、行业协会、社团组织等向灵活就业人员提供职业介绍、政策宣传、技能培训等服务，帮助其实现稳定就业的，按规定给予服务补助。	鼓励经营性人力资源服务机构、行业协会、社团组织等向灵活就业人员提供职业介绍、政策宣传、技能培训、参加社保等服务，按规定给予服务补助。
10	社保补贴		
	毕业2年内的高校毕业生和就业困难人员实现灵活就业，办理就业登记并缴纳社会保险费的，按规定享受灵活就业社会保险补贴。		无变化
11	技能培训		
11－1	用人单位、新业态平台组织灵活就业人员参加与岗位相关的技能培训的，可参照现行适岗培训政策享受补贴。		已删除
11－2	鼓励灵活就业人员参加技能提升培训，按规定给予技能提升补贴。对生活确有困难的，各地可由就业补助资金给予培训期间一定生活费补贴。		鼓励灵活就业人员参加技能提升培训，按规定给予技能提升补贴。对生活确有困难的，培训期间可按规定给予一定生活费补贴。

续表

<table>
<tr><th>序号</th><th>要点</th><th>《管理办法(征求意见稿)》</th><th>《管理办法(正式稿)》</th></tr>
<tr><td>11－3</td><td colspan="2">支持平台企业(电商企业)、新业态企业开发相关领域职业标准、行业企业评价规范、培训课程标准等,给予一定补贴。</td><td>支持新业态平台企业开发相关领域职业标准、行业企业评价规范、培训课程标准等,给予一定补贴。</td></tr>
<tr><td>11－4</td><td colspan="2">大力推广“互联网＋职业培训”模式,为灵活就业人员提供弹性、灵活、便捷、实用的职业培训项目和课程。</td><td>已删除</td></tr>
<tr><td>12</td><td colspan="3">职称评定</td></tr>
<tr><td>12－1</td><td colspan="2">灵活就业人员中的专业技术人才,符合条件的可以申报评审相关专业职称。</td><td rowspan="2">各地要积极畅通灵活就业专业技术人才职称申报评审渠道,灵活就业人员中的专业技术人才,符合条件的可通过人事代理机构或各级人力资源社会保障部门设立的职称申报点申报评审相关专业技术职称。</td></tr>
<tr><td>12－2</td><td colspan="2">各地相关部门积极畅通灵活就业专业技术人才职称申报评审渠道,可由人事代理机构或各级人力资源社会保障部门设立的职称申报点按规定协助办理相关申报手续。</td></tr>
<tr><td>13</td><td colspan="3">创业扶持</td></tr>
<tr><td>13－1</td><td>个体经营者</td><td>无雇工的个体工商户:可按规定申请创业担保贷款并享受贴息;符合条件的,可享受一次性创业资助、租金补贴等扶持政策。</td><td>个体经营者:可按规定申请创业担保贷款并享受贴息;符合条件的,可享受一次性创业资助、租金补贴等扶持政策。</td></tr>
<tr><td>13－2</td><td>新就业形态人员</td><td>依托平台实现就业的灵活就业人员:购置生产经营必需工具的,可申请创业担保贷款及贴息。</td><td>新就业形态人员:购置生产经营必需工具的,可申请创业担保贷款及贴息。</td></tr>
<tr><td>14</td><td colspan="3">矛盾化解</td></tr>
<tr><td>14－1</td><td>订立合同或口头协议</td><td>用人单位根据实际情况依法使用非全日制用工的,可以与其签订书面劳动合同或订立口头协议。</td><td>用人单位根据实际情况依法使用非全日制用工的,应与其签订书面劳动合同或订立口头协议。</td></tr>
</table>

续表

序号	要点	《管理办法(征求意见稿)》	《管理办法(正式稿)》
14－2	查处新业态平台企业违法行为	各级劳动保障监察机构应当畅通举报投诉渠道,运用网络化、网格化管理手段及时掌握新业态企业用工情况,依法查处企业劳动保障违法行为。	各地要畅通举报投诉渠道,运用网络化、网格化管理手段及时掌握和依法查处新业态平台企业劳动保障违法行为。
14－3	劳动争议解决	用人单位和劳动者发生劳动争议的,用人单位应当积极与职工协商解决;当事人也可以依法申请调解、仲裁、提起诉讼。	用人单位和劳动者发生劳动争议的,双方应当积极协商解决;劳动者合法权益受到侵害的,有权依法申请调解、仲裁、提起诉讼。
14－4	灵活就业人员保障	对未建立劳动关系,难以直接适用现行劳动保障法律法规的,引导就业单位与灵活就业人员协商双方的权利和义务,合理确定服务时间、报酬、休息休假、劳动保护等基本权益。	对未建立劳动关系,不适用现行劳动保障法律法规的灵活就业人员,人力资源社会保障部门应引导其与就业单位协商双方的权利和义务,合理确定服务时间、报酬、休息休假、劳动保护等基本权益。
		如协商达不成一致意见的,引导当事人双方通过人民调解组织、工会组织和行业协会等调解方式解决纠纷。	协商不一致的,引导双方通过人民调解组织、工会组织和行业协会等调解解决纠纷。
15	生活保障		
	1. 各地应对登记失业的灵活就业人员加大就业帮扶力度,及时提供技能培训、就业创业服务,帮助其尽快实现再就业。 2. 对生活困难又不符合失业保险金领取条件的失业人员,可由就业补助资金给予一次性临时生活补助。对符合当地城乡居民最低生活保障申领条件的人员,协助引导其向当地民政部门申领城乡居民最低生活保障。		1. 各地要对登记失业的灵活就业人员加大就业帮扶力度,及时提供技能培训、就业创业服务,帮助其尽快实现再就业。 2. 对生活困难又不符合失业保险金领取条件的失业人员,可由就业补助资金给予一次性临时生活补助。对符合当地城乡居民最低生活保障申领条件的人员,协助引导其向当地民政部门申领城乡居民最低生活保障。

二、《管理办法(正式稿)》之亮点解读

(一)灵活就业人员定义准确化

在《管理办法(正式稿)》中,灵活就业人员被定义为个体经营者、非全日制从业人员、新就业形态人员以及其他灵活就业人员。相比《管理办法(征求意见稿)》中无雇工的个体工商户,《管理办法(正式稿)》所列个体经营者不仅包括个体工商户,还涵盖未进行工商信息登记的经营者,扩大了灵活就业人员的主体范围,使更多灵活就业者的合法权益能够得到保障。

(二)完善灵活就业人员就业、失业登记制度

《管理办法(正式稿)》与《管理办法(征求意见稿)》均规定了灵活就业人员就业与失业登记制度,这在一定意义上为灵活用工模式提供了保障。相较于《管理办法(征求意见稿)》,《管理办法(正式稿)》在就业登记方面,将登记审核流程缩短至 1 个工作日,视同登记中将工作时长缩短至 1 个自然月每周工作时长超过 1 小时;在失业登记方面,在办理地点中列入就业地,登记审核流程也缩短至 1 个工作日。前述规定大大缩短了就业与失业登记时限,办理流程更加便捷。

(三)灵活就业人员养老、工伤保障体系逐步建立

《管理办法(正式稿)》的最大亮点莫过于建立起灵活就业人员的养老及工伤保障体系。在养老保险方面,广东省户籍灵活就业人员可在户籍地或就业地办理企业职工基本养老保险,而对于外省户籍灵活就业人员,此次《管理办法(正式稿)》做出新突破,给予其在就业地办理养老保险的权利,给予外省户籍灵活就业人员更多保障。

在工伤保险方面,鉴于灵活就业人员在用工期间发生意外时,往往会因用工企业未将其纳入本单位参加工伤保险而与用工企业之间引发诸多争端,为此,《管理办法(正式稿)》明确规定用人单位应当为其非全日制从业人员缴纳

工伤保险。在两个或两个以上用人单位同时就业的非全日制从业人员，由各用人单位分别为其缴纳工伤保险费，依法享有工伤保险待遇的权利。该内容在实践中将成为保障灵活就业人员工伤意外的重要依据。

（四）完善灵活就业人员技能晋升体系

此前灵活就业人员对于灵活就业存有疑虑的另一原因便是该新型就业方式的职业技能培训及未来职业发展无相关规定及保障。《管理办法（正式稿）》在职业技能培训方面，鼓励用人单位及灵活就业人员进行技能提升培训活动，并给予一定补贴；在职称评定方面，对于灵活就业人员中的专业技术人才，符合条件的可以申报相关专业技术职称。

（五）完善灵活就业人员政策保障

灵活就业人员受其就业模式所限，工资收入可能具有季节性及不稳定性，这便导致部分灵活就业人员因害怕就业不稳定的风险而不愿意选择该种就业模式。对此，《管理办法（正式稿）》中出台了多方面的政策，保障灵活就业人员在困难时期的利益。

在社保补贴方面，毕业 2 年内的高校毕业生和就业困难人员实现灵活就业办理就业登记并缴纳社会保险费的，按规定享受灵活就业社会保险补贴。

在创业扶持方面，个体经营者可按规定申请创业担保贷款并享受贴息，符合条件的，可享受一次性创业资助、租金补贴等扶持政策；新就业形态人员若购置生产经营所必需的工具，可申请创业担保贷款及贴息。

在生活保障方面，对生活困难又不符合失业保险金领取条件的失业人员，可由就业补助资金给予一次性临时生活补助。

上述政策为灵活就业人员初步建立起权益保障网，强化灵活就业人员权益保护和兜底保障，保护灵活就业人员的合法权益。

三、结语

如何保障灵活就业人员的合法权益问题，尤其是针对社会保障的具体内容，广东的《管理办法（正式稿）》开创了先河。与《管理办法（征求意见稿）》相比，《管理办法（正式稿）》明确了灵活就业对象的范围，构建了灵活就业多层次社会保障体系，并健全灵活就业技能晋升体系，完善灵活就业统计和扶持制度，强化灵活就业权益保护和兜底保障，从多个维度保障灵活就业人员作为新经济业态下新型劳动者的多方面利益，一定程序上能够促进灵活用工市场的规范化发展。

随着广东省《管理办法（正式稿）》的出台，相信全国其他地区会逐步学习和借鉴。笔者希望通过对《管理办法（正式稿）》及《管理办法（征求意见稿）》的系统性对比梳理，以及对《管理办法（正式稿）》的亮点解读，清晰地看到地方政府在科学决策过程和博弈中思路的变化，能够为灵活用工平台企业提供借鉴意义，引领行业健康发展。

第四节 深圳新政对委托代征模式的影响

灵工平台企业面对众包的灵工人员所采用的税收征管模式一直是这个行业最大的争议,委托代征模式和个体工商户模式对立为行业的两大阵营,而委托代征模式因其“轻运营”优势,实践中广为使用,但一直处于合规模糊地带。

上一节我们分析,《管理办法(正式稿)》首度赋予了“个体经营者”全新的定义:不仅包括个体工商户,还涵盖未进行工商信息登记的经营者,扩大了灵工人员的主体范围。

随后,2020 年 11 月,国家税务总局深圳市税务局发布《关于征求〈深圳经济特区税收管理和信息共享保障条例(征求意见稿)〉意见的通告》,其中第 31 条规定:“根据《中华人民共和国税收征收管理法实施细则》有利于税收控管和方便纳税的要求,按照双方自愿、简便征收、强化管理、依法委托的原则和国家有关规定,税务机关可以委托有关单位和人员代征零星、分散和异地缴纳的税费,以及由现代物流、电子商务、数字经济、虚拟经济等新经济业态而衍生的经营方式创新、个人灵活就业、新个体经营等活动的税费”;同时,在第 32 条中通过正列举方式将“互联网平台企业代征个人从事生产经营活动的相关税款”列入委托代征范围。

辅以此前深圳市出台的《深圳经济特区商事登记若干规定》(以下简称《登记规定》),自然人从事依法无须经有关部门批准的经营活动的,直接办理税务登记即可从事商事经营活动,不视为无照经营。

广东出台的《管理办法(正式稿)》与《深圳经济特区税收管理和信息共享保障条例(征求意见稿)》(以下简称《保障条例(征求意见稿)》)和《登记规定》前后呼应,看似市场监督管理局和税务局的联手出文,这很容易让灵工平台产生误读:认为委托代征模式找到了法律上的依据。

然而,笔者结合《8765 号答复》,从下述 3 个方面进行递进逻辑分析,得到的结论大相径庭。

首先,笔者先论述上述文件的法律效力;其次,假定法律效力无疑,那么抓取文件中的核心要素“个人从事生产经营活动”作为起点,分析究竟哪些个人行为将被视为经营活动,以及实践中的具体判定依据;最后,假定个体被视为生产经营活动,那么如何在委托代征模式的前提下走出适用税率问题产生的误区。

一、法律效力存疑:与上位法是否冲突?

《保障条例(征求意见稿)》《登记规定》(合称二文)的制定机关均为深圳市人民代表大会常务委员会(以下简称深圳市人大常委会),二文的效力级别均为地方性法规。

深圳市人大常委会制定该二文的权限来自《立法法》的规定,即设区的市的人民代表大会及其常务委员会根据本市的具体情况和实际需要,在不同宪法、法律、行政法规和本省、自治区的地方性法规相抵触的前提下,可以对城乡建设与管理、环境保护、历史文化保护等方面的事项制定地方性法规。

对于法律及行政法规的解释权,根据《立法法》的规定,法律解释权属于全国人民代表大会常务委员会;根据《行政法规制定程序条例》的规定,行政法规的解释权属于国务院。因此,深圳市人大常委会并无解释法律及行政法规的权力。

因此,若《保障条例(征求意见稿)》通过审议正式发布,在深圳市人大常委会并无解释法律与行政法规的权利下,该二文是否与上位法(宪法、法律、行政法规和本省、自治区的地方性法规)存在抵触或将成为其是否有效或可能被撤销的关键因素。

为直观对比,笔者梳理表格如下(见表 4 -4):

表 4－4 《保障条例(征求意见稿)》《登记规定》与上位法规定对比梳理表

<table>
<tr><td colspan="3">(一)商事登记</td></tr>
<tr><td>文件名称</td><td>《登记规定》</td><td>《电子商务法》</td></tr>
<tr><td>发文部门</td><td>深圳市人大常委会</td><td>全国人大常委会</td></tr>
<tr><td>效力级别</td><td>地方性法规</td><td>法律</td></tr>
<tr><td>规定内容</td><td>第 13 条　自然人从事依法无须经有关部门批准的经营活动的,可以不办理个体工商户商事登记,直接办理税务登记。</td><td>第 10 条　电子商务经营者应当依法办理市场主体登记。但是,个人销售自产农副产品、家庭手工业产品,个人利用自己的技能从事依法无须取得许可的便民劳务活动和零星小额交易活动,以及依照法律、行政法规不需要进行登记的除外。
第 12 条　电子商务经营者从事经营活动,依法需要取得相关行政许可的,应当依法取得行政许可。</td></tr>
<tr><td>比对结论</td><td colspan="2">《登记规定》并未对“经有关部门批准”作进一步的解释,如其指的是上位法《电子商务法》所提出的“行政许可”,那么此举已突破了《电子商务法》规定的“登记是必须、不登记是例外”的商事主体登记原则;如其指的是《电子商务法》中所提的不需要办理商事主体登记的例外情形,则与《电子商务法》一脉相承。</td></tr>
<tr><td colspan="3">(二)委托代征</td></tr>
<tr><td>文件名称</td><td>《保障条例(征求意见稿)》</td><td>《税收征收管理法实施细则》</td></tr>
<tr><td>发文部门</td><td>深圳市人大常委会(由深圳市税务局牵头起草)</td><td>国务院</td></tr>
<tr><td>效力级别</td><td>地方性法规</td><td>行政法规</td></tr>
</table>

续表

规定内容	第31条　根据《中华人民共和国税收征收管理法实施细则》有利于税收控管和方便纳税的要求，按照双方自愿、简便征收、强化管理、依法委托的原则和国家有关规定，税务机关可以委托有关单位和人员代征零星、分散和异地缴纳的税费，以及由现代物流、电子商务、数字经济、虚拟经济等新经济业态而衍生的经营方式创新、个人灵活就业、新个体经营等活动的税费。	第44条第1句　税务机关根据有利于税收控管和方便纳税的原则，可以按照国家有关规定委托有关单位和人员代征零星分散和异地缴纳的税收，并发给委托代征证书。
比对结论	《保障条例（征求意见稿）》拓宽了上位法《税收征收管理法实施细则》规定的委托代征的适用范围，除零星分散和异地缴纳的税收外，由现代物流、电子商务、数字经济、虚拟经济等新经济业态而衍生的经营方式创新、个人灵活就业、新个体经营等活动的税费同样适用委托代征的规定。	

由此不难看出，该二文在本质上属于抵触上位法的“立法突破”，而非对上位法执行的细化，依据《立法法》的规定，“法律、行政法规、地方性法规、自治条例和单行条例、规章有下列情形之一的，由有关机关依照本法第九十七条规定的权限予以改变或者撤销：……（二）下位法违反上位法规定的……”由于深圳市属于经济特区，其立法权限仅需遵循宪法的规定以及法律和行政法规的基本原则，其立法行为是否有效还有待进一步检验。但对于其他无特权的省市而言，如制定违反上位法规定的相关文件，则存在被改变或撤销的风险。

二、核心概念界定模糊：是劳务报酬所得还是经营所得？

假定二文具备法律效力，单看《保障条例（征求意见稿）》的内容，其同样未对委托代征的具体适用场景予以明确。

根据《保障条例（征求意见稿）》的规定，互联网平台企业可以代征个人从事生产经营活动的相关税款。然而，何为“从事生产经营活动”？语焉不详。这就为实践操作留下了很大的解释空间。

这一部分的详细分析,可以重点查看本书第二章第三节委托代征模式下个人劳务和经营行为的区分。

所以,回溯之前的分析,笔者认为,如果要适用《保障条例(征求意见稿)》中的委托代征模式,前提是先要被认定为个人的经营行为,而非个人劳务行为。但判定本身在实践中就存在争议,易造成认定口径的不稳定性。

三、外观迷惑:委托代征 = 核定征收?

假设上文分析的两个前提条件都已满足:(1)假定二文皆具备法律效力;(2)假定自然人从事的活动被认定为“经营”。那么我们仍面临一个现实问题:即能不能适用核定征收的税收政策。我们知道实践中灵工平台之所以选择委托代征模式的主要原因就是基于委托代征模式下的核定征收政策。

因此,依照《保障条例(征求意见稿)》的规定,深圳市允许“物流平台企业代征个人临时从事货物运输的相关税款”和“互联网平台企业代征个人从事生产经营活动的相关税款”,是否就意味着个人的经营行为可通过委托代征模式实现核定征收?

依据税法的规定,委托代征不等于核定征收。

委托代征系税务机关根据有利于税收控管和方便纳税的原则,按照国家有关规定委托有关单位和人员代征零星分散和异地缴纳的税收,其本质系税收的一种征收方式。

核定征收系指从事生产、经营活动,未提供完整、准确的纳税资料,不能正确计算应纳税所得额的,由主管税务机关核定应纳税所得额或者应纳税额,其本质是对应征收的税收金额的一种计算方式。

一个是征收方式,另一个是计算方式,二者之间无法直接画等号。灵工平台有委托代征资质并不意味着其所代征的自然人的税款一定可以适用核定征收政策,而是需要确认主管税务部门是否出台了对自然人核定征收的合法有效的相关政策及其与主管税务部门签署的《委托代征协议》的具体约定。

笔者查阅到,深圳市税务局此前发布了《国家税务总局深圳市税务局关于经营所得核定征收个人所得税有关问题的公告》,对“虽未取得经营证照,但办理了临时税务登记证、有固定经营场所从事持续生产经营的个人纳税人”的核定征收进行了规定。

由此可见,深圳市自然人的核定征收只适用于“办理了临时税务登记证、有固定经营场所从事持续生产经营的”情况,而很少个人能同时满足“办理临时税务登记证”“有固定经营场所”“持续经营”。

四、结语

根据前文分析,我们无法将深圳市的《保障条例(征求意见稿)》和《登记规定》的简单字面解读视为对灵活用工委托代征模式的政策利好,同时文件的有效性及确定性仍有待进一步的检验。

即便该二文均持续有效,可合法合规适用核定征收政策进行完税的,也仅针对不属于“劳务报酬所得”,并能同时满足“办理临时税务登记证”“有固定经营场所”“从事持续生产经营”的自然人。在“劳务报酬所得”还是“经营所得”无明确法律法规进行解释的情形下,即便依据我们前文所述的判断原则,实践中依然存在收入的法律性质存疑的问题。针对该类情形及在委托代征的自然人模式下可能存在事实劳动关系风险的行业(如劳动密集型行业),短期内可以选择更为合规的个体工商户模式,将法律关系依法合规地实质转变为合作关系,并就其所得按照“经营所得”税目依据注册地的个体工商户核定征收政策,依法申报纳税。

第五节 海南新政对个体工商户模式的影响

为进一步鼓励发展互联网平台经济新业态,2020 年 12 月 10 日,由海南省市场监督管理局制定的《注册登记(正式稿)》终于在万众期待中露出其“庐山真面目”,正式拉开支持平台企业(详见表 4 - 5“平台企业”的定义)为入驻经营个体工商户提供集群注册便利的序幕。灵活用工平台中的业务外包类型的个体工商户模式似乎成为该政策下符合平台企业“商业活动自营”“交易链条闭环”“政企协作联动”“合规保障有力”等要求下最契合的应用场景,因此该办法引起了业界广泛关注。

与此前发布的《平台经济集群注册登记管理办法(征求意见稿)》(以下简称《注册登记(征求意见稿)》)相比,《注册登记(正式稿)》主要有三点变化:(1)删除《注册登记(征求意见稿)》中要求的平台企业督促个体工商户办理税务事项的相关规定;(2)增加平台企业发现个体工商户违法经营行为后的制止义务;(3)监管部门除了要求个体工商户到场接受调查外,增加远程方式接受调查方式。

其中,《注册登记(正式稿)》最重要的变化系删除了《注册登记(征求意见稿)》中要求的平台企业督促个体工商户办理税务事项的相关规定。我们分析原因主要有以下三个:(1)行政主体立法边界存疑。《注册登记(正式稿)》的发文主体是海南省市场监督管理局,在未与主管税务机关联合发文的情况下,其就平台的税务事项及监管责任进行规制的立法边界存疑。(2)过于加重平台企业责任。依据《注册登记(正式稿)》,平台企业提供的仅仅是地址托管服务,若要将税收监管相关责任强行加于平台企业之上,将导致平台企业监管责任过重,不符合鼓励新经济业态发展之目的。(3)监管责任不应转嫁。税收监管主体是相关主管税务机关,平台企业仅能起到协助监管的作用。相关监督部门若想加强对于集群注册个体工商户的税收监管，可考虑建立协同监管机制，打通各监管部门与平台的数据接口以实现联动管理，而不应简单地将监管责任转嫁给平台企业。

对此，本节就《注册登记（征求意见稿）》与《注册登记（正式稿）》中对平台经济集群注册的概念界定，平台企业申请住所托管条件及所需材料，平台企业信息核验登记义务，平台企业发现违法违规行为的处置、报告、配合义务等要点进行对比梳理，并就《注册登记（正式稿）》的亮点进行解读，以期为各灵工平台提供借鉴与参考。

一、《注册登记（征求意见稿）》与《注册登记（正式稿）》之对比梳理

表4－5 《注册登记（征求意见稿）》与《注册登记（正式稿）》对比梳理表

要点	《注册登记（征求意见稿）》	《注册登记（正式稿）》	区别对比
概念界定	第二条　本办法所称集群注册，是指多个个体工商户以一家平台企业提供的网络经营场所作为经营场所登记，并由该平台企业提供住所托管服务，形成个体工商户集群集聚发展的注册登记模式。 本办法所称平台企业，是指基于互联网、云计算等新一代信息技术提供商品和服务，符合商业活动自营、交易链条闭环、政企协作联动、合规保障有力等要求，为多个个体工商户提供网络经营场所和住所托管服务的现代服务业平台。 本办法所称住所托管服务，是指平台企业在统一规范名称、**统一**经营范围、统一管理服务、统一代办申请的前提下，以该平台企业统一提供的地址作为	第二条　本办法所称集群注册，是指多个个体工商户以一家平台企业提供的网络经营场所作为经营场所登记，并由该平台企业提供住所托管服务，形成个体工商户集群集聚发展的注册登记模式。 本办法所称平台企业，是指基于互联网、云计算等新一代信息技术提供商品和服务，符合商业活动自营、交易链条闭环、政企协作联动、合规保障有力等要求，为多个个体工商户提供网络经营场所和住所托管服务的现代服务业平台。 本办法所称住所托管服务，是指平台企业在统一规范名称、**标准**经营范围、统一管理服务、统一代办申请的前提下，以该平台企业统一提供的地址作为	《注册登记（征求意见稿）》中"统一经营范围"要求拟集群注册个体工商户经营范围相同或类似；《注册登记（正式稿）》进一步明确经营范围需进行规范表述。

续表

要点	《注册登记(征求意见稿)》	《注册登记(正式稿)》	区别对比
	拟集群注册的个体工商户的在琼常住地并登记为个体工商户住所,统一为入驻经营个体工商户办理登记注册的服务方式。	拟集群注册的个体工商户的在琼常住地并登记为个体工商户住所,统一为入驻经营个体工商户办理登记注册的服务方式。	
递送签收规则	第三条　政府部门、其他单位或个人通过邮政、快递或者其他方式,按集群注册个体工商户的住所地址递送的公函文书、信函、邮件等,自平台企业代理签收之日起,视为已送达集群注册个体工商户。法律、法规、司法解释对特定文书送达有其他规定的,从其规定。 平台企业代理签收递送给集群注册个体工商户的公函文书、信函、邮件后,应立即通知集群注册个体工商户。	第三条　政府部门、其他单位或个人通过邮政、快递或者其他方式,按集群注册个体工商户的住所地址递送的公函文书、信函、邮件等,**由平台企业代理签收**。自平台企业代理签收之日起,视为已送达集群注册个体工商户。法律、法规、司法解释对特定文书送达有其他规定的,从其规定。 平台企业代理签收递送给集群注册个体工商户的公函文书、信函、邮件后,应立即通知集群注册个体工商户。	1. 若按《注册登记(征求意见稿)》之表述,则邮件信函等可由平台企业代收也可不由平台企业代收,存在歧义; 2.《注册登记(正式稿)》明确了按照集群注册地址递送的皆由平台企业代收。
平台企业申请住所托管条件	第五条　申请从事住所托管服务应符合下列条件: (一)经所在重点产业园区**管委会**认定。 (二)提供住所托管服务的地址须有明确的可供送达文书的固定场所,不得违反法律、法规及相关管理**规约**规定,不得以未经有利害关系的业主一致同意的居住用房作为集群注册个体工商户的住所。 (三)申请企业及其法定代表人	第五条　申请从事住所托管服务应符合下列条件: (一)经所在重点产业园区**管理机构**认定。 (二)提供住所托管服务的地址须有明确的可供送达文书的固定场所,不得违反法律、法规及相关管理规定,不得以未经有利害关系的业主一致同意的居住用房作为集群注册个体工商户的住所。 (三)申请企业及其法定代表人	相较于《注册登记(征求意见稿)》,《注册登记(正式稿)》就认定机构进行了规范表述。

续表

要点	《注册登记(征求意见稿)》	《注册登记(正式稿)》	区别对比
	近3年无被列入经营异常名录、严重违法失信企业名单和被列为失信被执行人、重大税收违法案件当事人等不良信用记录。 (四)申请企业的法定代表人如同时或曾担任其他企业的法定代表人(执行事务合伙人)或负责人的,在其任职期间该企业近3年无被列入经营异常名录、严重违法失信企业名单和被列为失信被执行人、重大税收违法案件当事人等不良信用记录。	近3年无被列入经营异常名录、严重违法失信企业名单和被列为失信被执行人、重大税收违法案件当事人等不良信用记录。 (四)申请企业的法定代表人如同时或曾担任其他企业的法定代表人(执行事务合伙人)或负责人的,在其任职期间该企业近3年无被列入经营异常名录、严重违法失信企业名单和被列为失信被执行人、重大税收违法案件当事人等不良信用记录。	
平台企业申请住所托管所需材料	第六条　从事住所托管服务的平台企业或其委托代理机构,应向登记机关提交以下材料: (一)平台企业所在重点产业园区**管委会**出具允许平台企业开展个体工商户集群注册登记的推荐函; (二)平台企业、平台企业委托代理机构与县级以上人民政府市场监督管理部门三方签订的《平台经济集群注册战略合作协议》; (三)平台企业签署的载明平台企业法定代表人和联络员的姓名、联系方式的《平台企业集群注册申报表》。	第六条　从事住所托管服务的平台企业或其委托代理机构,应向登记机关提交以下材料: (一)平台企业所在重点产业园区**管理机构**出具允许平台企业开展个体工商户集群注册登记的推荐函; (二)平台企业、平台企业委托代理机构与县级以上人民政府市场监督管理部门**双方或**三方签订的《平台经济集群注册战略合作协议》; (三)平台企业签署的载明平台企业法定代表人和联络员的姓名、联系方式的《平台企业集群注册申报表》。	将《平台经济集群注册战略合作协议》的签署主体由"三方"调整为"双方或三方",即平台企业可不委托代理机构,直接与市监局签订该等协议。

续表

要点	《注册登记(征求意见稿)》	《注册登记(正式稿)》	区别对比
平台企业信息核验登记义务	第十四条　平台企业应当通过以下方式加强与集群注册个体工商户保持经常性的联系,对集群注册个体工商户进行管理: (一)建立集群注册个体工商户台账,内容包括个体工商户名册和个体工商户经营者的户籍所在地及联系方式等。 (二)建立平台企业与集群注册个体工商户的联系记录簿,其中集群注册个体工商户存续情况每月至少核实一次,集群注册个体工商户登记信息每季度至少核实一次。其他联系内容的次数及要求由平台企业自定。 平台企业应建立半年报告制度,**每季度**结束后10天内,向登记机关报送履行托管义务情况、集群注册个体工商户联络等情况。	第十四条　平台企业应当通过以下方式加强与集群注册个体工商户保持经常性的联系,对集群注册个体工商户进行管理: (一)建立集群注册个体工商户台账,内容包括个体工商户名册和个体工商户经营者的户籍所在地及**联系电话**、联系方式等。 (二)建立平台企业与集群注册个体工商户的联系记录簿,其中集群注册个体工商户存续情况每月至少核实一次,集群注册个体工商户登记信息每季度至少核实一次。其他联系内容的次数及要求由平台企业自定。 平台企业应建立半年报告制度,**每半年**结束后10天内,向登记机关报送履行托管义务情况、集群注册个体工商户联络等情况。	1. 要求台账内容必须包含个体工商户的联系电话; 2. 纠正《注册登记(征求意见稿)》笔误:《注册登记(征求意见稿)》中要求平台企业建立半年报告制度,却要每季度结束后报告,前后表述矛盾。
平台企业发现违法违规行为处置、报告、配合义务	第十五条　平台企业应当加强对集群注册个体工商户的管理,督促和监督集群注册个体工商户合法经营,发现集群注册个体工商户存在违法经营行为应及时向监管部门报告。 平台企业对监管部门依照法律、法规规定对集群注册个体工商户实施的行政执法检查应予配合。 集群注册个体工商户因消费纠纷、涉嫌违法等情形,监管部门	第十五条　平台企业应当加强对集群注册个体工商户的管理,督促和监督集群注册个体工商户合法经营,发现集群注册个体工商户存在违法经营行为应及时**制止并**向监管部门报告。 平台企业对监管部门依照法律、法规规定对集群注册个体工商户实施的行政执法检查应予配合。 集群注册个体工商户因消费纠	1. 增加平台企业发现个体工商户违法经营行为的制止义务; 2. 明确个体工商户可通过远程方式接受调查,更加经济便捷。

续表

要点	《注册登记(征求意见稿)》	《注册登记(正式稿)》	区别对比
	通过平台企业通知其到场接受调查、调解或提供有关证据的,平台企业、集群注册个体工商户应当予以配合。	纷、涉嫌违法等情形,监管部门通过平台企业通知其到场或远程方式接受调查、调解或提供有关证据的,平台企业、集群注册个体工商户应当予以配合。	
平台企业税务监管责任	第十七条　集群注册个体工商户依法登记后,应按照相关税收法律规定,及时进行税务登记信息确认,接受税务机关的管理,并按照有关法律、法规规定设置账簿,依法履行纳税义务。平台企业或其委托代理机构有责任和义务督促集群注册个体工商户做好相关涉税事项办理工作。	删除此条	删除《注册登记(征求意见稿)》中要求的平台企业督促个体工商户办理税务事项责任。
	第十八条　平台企业或其委托代理机构应向税务机关提供其与集群注册个体工商户签订的税收监管协议,并承担日常税务监管、发票监管、税收担保等税收法律责任。税务机关依照法律、法规对集群注册个体工商户的税收风险开展核查,平台企业或其委托代理机构应当予以配合。	删除此条	删除《注册登记(征求意见稿)》中要求的平台企业对于个体工商户的税务相关监管责任。
	第十九条　平台企业或其委托代理机构应加强对集群注册个体工商户的日常管理,及时了解集群注册个体工商户经营现状,积极宣传税收政策。被税务机关认定为非正常户的集群注册个体工商户,税务部门应及时通知平台企业或其委托代理机构加强后续管理。平台企	删除此条	删除《注册登记(征求意见稿)》中要求的平台企业对个体工商户税收管理责任。

续表

要点	《注册登记(征求意见稿)》	《注册登记(正式稿)》	区别对比
	业或其委托代理机构在获知违规集群注册个体工商户名单或接到税务机关通知后应积极采取应对措施加强管理。		
	第二十条　为了加强发票管理,降低税收风险,平台企业或其委托代理机构应对集群注册个体工商户发票的领用、保管、开具等事项进行管理,合法使用发票。集群注册个体工商户申请领购增值税专用发票,主管税务机关按照有关规定进行查验时,平台企业或其委托代理机构应当配合。对发现集群注册个体工商户存在发票违法行为应予以制止并及时向税务机关报告,并配合税务部门对集群注册个体工商户依法查处,涉嫌犯罪的,税务机关依法移送司法机关处理。对于集群注册个体工商户涉嫌发票违法的,依法承担相应责任。	删除此条	删除《注册登记(征求意见稿)》中平台企业对于个体工商户发票相关监管、制止违法行为并报告、配合执法责任。
书面合同	第二十二条　平台企业为集群注册个体工商户提供住所托管服务,应当订立书面托管合同;合同应当约定集群注册个体工商户自愿委托平台企业代理签收政府部门、其他单位或个人的公函文书、信函、邮件等。**平台企业或其委托代理机构为集群注册个体工商户提供税务代理服务的,合同应明确涉税文书签收、记账、报税等服务内容及双方法律责任。**	第十八条　平台企业为集群注册个体工商户提供住所托管服务,应当订立书面托管合同;合同应当约定集群注册个体工商户自愿委托平台企业代理签收政府部门、其他单位或个人的公函文书、信函、邮件等。	删除《注册登记(征求意见稿)》中对于平台企业或其委托机构提供税务代理服务相关规定。

续表

要点	《注册登记(征求意见稿)》	《注册登记(正式稿)》	区别对比
个体工商户违反登记相关规定行政处罚	第二十九条　集群注册个体工商户未按规定办理登记事项变更登记**或注销登记**的,由平台企业所属重点园区所在市县市场监管部门**责令其改正并处罚款;情节严重的,由登记机关吊销其营业执照。**	第二十五条　集群注册个体工商户未按规定办理登记事项变更登记的,由平台企业所属重点园区所在市县市场监管部门依据《个体工商户登记管理办法》处罚①。	1. 删除了《注册登记(征求意见稿)》对于个体工商户未按规定办理注销登记的处罚; 2. 删除《注册登记(征求意见稿)》中行政处罚方式,使其与上位法相衔接适应。

二、《注册登记(正式稿)》之亮点解读

(一)明确集群注册和平台企业的概念

集群注册此前多是指线下产业园区内各类市场主体的集中住所登记管理模式,而《注册登记(正式稿)》中首次将集群注册的概念运用于线上场景之中,将其定义为"多个个体工商户以一家平台企业提供的网络经营场所作为经营场所登记,并由该平台企业提供住所托管服务,形成个体工商户集群集聚发展的注册登记模式"。

针对平台企业的定义,《注册登记(正式稿)》则明确为"基于互联网、云计算等新一代信息技术提供商品和服务,符合商业活动自营、交易链条闭环、政企

① 《个体工商户登记管理办法》第 36 条:个体工商户登记事项变更,未办理变更登记的,由登记机关责令改正,处 1500 元以下的罚款;情节严重的,吊销营业执照。

协作联动、合规保障有力等要求，为多个个体工商户提供网络经营场所和住所托管服务的现代服务业平台”，明确平台企业的自营属性。然而，根据其字面意思解读，《注册登记（正式稿）》似乎将撮合运营模式的平台企业排除在适用范围之外。对此，“平台企业”更详细、精确的定义有待海南省市场监督管理局做进一步的解释与说明。

（二）明确平台企业、集群注册个体工商户的登记条件

《注册登记（正式稿）》提出从事住所托管服务的平台企业应经所在重点产业园区管理机构认定、有合法合规的固定场所、申请企业及其法定代表人近3年无不良信用记录等要求，并明确了平台企业申请登记时所应当提交的材料。

对于集群注册的个体工商户，《注册登记（正式稿）》则采取了正面清单管理制度，即从事《集群注册经营范围正面清单（试行）》以外的经营事项的、经营范围涉及《工商登记前置审批事项目录》《工商登记后置审批事项目录》中所列事项的及港澳台个体工商户不得申请集群注册登记。

以上政策明确了从事住所托管服务的平台企业所需满足的资质要求，并就集群注册的个体工商户的适用范围予以清晰界定，有利于集群注册制度的规范运营。

（三）提出平台企业对个体工商户保持经常性联系的要求

《注册登记（正式稿）》和《注册登记（征求意见稿）》均要求平台企业通过建立集群注册个体工商户台账、联系记录簿等方式与个体工商户保持经常性的联系，并且需要每月至少核实一次集群注册个体工商户存续情况，每季度至少核实一次个体工商户登记信息，每半年向登记机关报送履行托管义务情况、集群注册个体工商户联络等情况。若未按规定保持与集群注册个体工商户经常性的联系，并因此导致失联集群注册个体工商户超过托管总数30%，市场监管部门根据情况可暂停平台企业办理新设集群注册个体工商户登记业务。前述规定明确了平台企业与集群注册个体工商户的联系频率，有利于加强对个体工商户的监管。

（四）明确平台企业发现个体工商户违法违规行为的处置、报告和配合义务

《注册登记（正式稿）》与《注册登记（征求意见稿）》均要求平台企业一旦发现集群注册个体工商户存在违法经营行为，应及时向监管部门报告，配合执法部门对涉嫌违法行为的个体工商户进行检查，并提供相关证据。《注册登记（正式稿）》还增加了平台企业发现个体工商户违法违规行为时的制止义务，有利于规范个体工商户的经营行为，维护公平健康的市场竞争秩序。

三、结语

灵活用工模式经历了早期监管缺位的发展阶段，形成了“委托代征模式”和“个体工商户模式”的并存格局，而近期出台的政策逐步显现出向个体工商户模式引导的趋势。海南省市场监督管理局出台的《注册登记（正式稿）》解决了依托互联网平台的个体工商户需要个体执照却没有固定经营地址的难题，在放宽和优化准入的同时，海南省市场监督管理局也加强了平台企业对于个体工商户的监管责任。

随着海南省《注册登记（正式稿）》的出台，各地市场监督管理局开始陆续采纳灵工平台个体工商户集群注册的模式。因此，本节通过对《注册登记（正式稿）》及《注册登记（征求意见稿）》的系统性对比梳理和对《注册登记（正式稿）》的亮点解读分析监管机构的决策思路和监管导向，能够为灵工平台企业提供借鉴意义，引导灵活用工行业健康发展。

第六节　国家市场监督管理总局新政之于灵工平台的报送义务

2020 年 11 月 6 日，国家市场监督管理总局、网络安全和信息化委员会办公室、国家税务总局三部门联合召开规范线上经济秩序行政指导会，强调各部门要加快监管手段监管能力建设，切实做到监管不缺位；并要求互联网平台企业要切实落实主体责任，坚持依法合规经营，不断强化自我约束和自我管理，共同促进线上经济健康规范发展。其中，针对税务问题，会议更是明确提出平台经营者需“遵守《税收征收管理法》及其实施细则、《电子商务法》等法律法规，依法履行纳税义务，依法享受纳税优惠”。

基于互联网平台内经营者数量庞大，交易信息复杂，相关部门很难实现直接有效的监管。因此，作为平台的搭建者以及数据信息的掌控者，互联网平台经营者应当负有协助市场监督管理部门与税务部门监管的责任，以提高其监管效率。对此，2019 年 1 月 1 日开始实施的《电子商务法》及 2021 年 5 月 1 日开始实施的《网络交易监督管理办法》作为对平台重要的监管法律依据，针对平台经营者分别制定了与市场监督管理部门和税务部门之间的协作义务。然而，基于平台数据涉及平台自身、平台内经营者与公众等多元主体利益，平台数据报送义务与责任边界在哪里？平台履行数据报送义务是否需要获得平台内经营者授权？当发生数据安全问题时平台又该如何应对？

基于此，我们将《电子商务法》及《网络交易监督管理办法》中针对平台经营者向市场监督管理部门和税务部门的报送义务进行梳理并作了深入评析，明确平台经营者的信息报送义务及具体途径，同时通过在第七节中梳理、总结境外平台经营者报送规范及实践指引，分析平台经营者数据报送合规风险、责任边界与应对之策，引导平台聚焦“报送”责任和合规健康发展。

一、平台经营者报送义务梳理

平台经营者需向市场监督管理部门、税务部门履行信息申报义务的规定首次出现于2019年起正式实施的《电子商务法》，但基于后续没有出台具体的细则规定，该规定在实践中并未得到有效实行。直到国家市场监督管理总局专门出台《网络交易监督管理办法》，对《电子商务法》相关条款作出了细化规定，针对报送义务，在报送内容、时间、对象等信息上有所补充。具体如表4－6所示：

表4－6　平台经营者法定报送义务梳理表

要点	《电子商务法》	《网络交易监督管理办法》
向市场监督管理部门报送义务	第二十八条第一款　电子商务平台经营者应当按照规定向市场监督管理部门报送平台内经营者的身份信息，提示未办理市场主体登记的经营者依法办理登记，并配合市场监督管理部门，针对电子商务的特点，为应当办理市场主体登记的经营者办理登记提供便利。	第二十二条　网络交易经营者应当按照国家市场监督管理总局及其授权的省级市场监督管理部门的要求，提供特定时段、特定品类、特定区域的商品或者服务的价格、销量、销售额等数据信息。 第二十五条　网络交易平台经营者应当依照法律、行政法规的规定，向市场监督管理部门报送有关信息。 网络交易平台经营者应当分别于每年1月和7月向住所地省级市场监督管理部门报送平台内经营者的下列身份信息： （一）已办理市场主体登记的平台内经营者的名称（姓名）、统一社会信用代码、实际经营地址、联系方式、网店名称以及网址链接等信息； （二）未办理市场主体登记的平台内经营者的姓名、身份证件号码、实际经营地址、联系方式、网店名称以及网址链接、属于依法不需要办理市场主体登记的具体情形的自我声明等信息；其中，对超过本办法第八条第三款规定额度的平台内经营者进行特别标示。 鼓励网络交易平台经营者与市场监督管理部门建立开放数据接口等形式的自动化信息报送机制。

续表

要点	《电子商务法》	《网络交易监督管理办法》
向税务部门报送义务	第二十八条第二款　电子商务平台经营者应当依照税收征收管理法律、行政法规的规定，向税务部门报送平台内经营者的身份信息和与纳税有关的信息，并应当提示依照本法第十条规定不需要办理市场主体登记的电子商务经营者依照本法第十一条第二款的规定办理税务登记。	尚未出台对应的管理办法

二、平台经营者报送义务要点分析

从上述法律文件梳理中可以看出，平台经营者需向市场监督管理部门报送的信息主要包括平台内经营者身份信息、交易信息及违法行为信息；需向税务部门报送的信息则主要为平台内经营者身份信息及纳税相关信息。具体报送义务要点如表 4 –7 所示：

表 4 –7　平台经营者报送义务要点分析表

序号	要点		内容	法律法规
1	市场监督管理部门报送义务要点			
1 –1 –1	身份信息报送	要求	按照规定向市场监督管理部门报送平台内经营者的身份信息，提示未办理市场主体登记的经营者依法办理登记	《电子商务法》
1 –1 –2		身份信息细节	1. 已办理市场主体登记的平台内经营者的名称（姓名）、统一社会信用代码、实际经营地址、联系方式、网店名称以及网址链接等信息； 2. 未办理市场主体登记的平台内经营者的姓名、身份证件号码、实际经营地址、联系方式、网店名	《网络交易监督管理办法》

续表

<table>
<tr><th>序号</th><th colspan="2">要点</th><th>内容</th><th>法律法规</th></tr>
<tr><td></td><td rowspan="3">身份信息报送</td><td></td><td>称以及网址链接、属于依法不需要办理市场主体登记的具体情形的自我声明等信息;其中,对超过本办法第八条第三款规定额度的平台内经营者进行特别标示</td><td rowspan="3"></td></tr>
<tr><td>1－1－3</td><td>报送时间</td><td>每年1月至7月</td></tr>
<tr><td>1－1－4</td><td>报送对象</td><td>住所地省级市场监督管理部门</td></tr>
<tr><td>1－2－1</td><td rowspan="2">交易信息报送</td><td>报送信息</td><td>报送特定时段、特定品类、特定区域的商品或者服务的价格、销量、销售额等数据信息</td><td rowspan="2">《网络交易监督管理办法》</td></tr>
<tr><td>1－2－2</td><td>报送对象</td><td>国家市场监督管理总局及其授权的省级市场监督管理部门</td></tr>
<tr><td>1－3－1</td><td rowspan="3">违法行为报告</td><td>检查对象</td><td>进入平台销售商品或者提供服务的经营者及其发布的商品或者服务信息</td><td rowspan="3">《网络交易监督管理办法》</td></tr>
<tr><td>1－3－2</td><td>措施</td><td>建立检查监控制度:发现平台内经营者及其销售的商品或者提供的服务有违规定情形的,采取必要处置措施,并保存有关记录</td></tr>
<tr><td>1－3－3</td><td>报送对象</td><td>平台住所地县级以上市场监督管理部门</td></tr>
<tr><td>1－4－1</td><td rowspan="2">配合措施</td><td>登记便利</td><td>配合市场监督管理部门,针对电子商务的特点,为应当办理市场主体登记的经营者办理登记提供便利</td><td>《电子商务法》</td></tr>
<tr><td>1－4－2</td><td>自动化报送</td><td>鼓励网络交易平台经营者与市场监督管理部门建立开放数据接口等形式的自动化信息报送机制</td><td>《网络交易监督管理办法》</td></tr>
<tr><td>2</td><td colspan="4">税务部门报送义务要点</td></tr>
<tr><td>2－1</td><td colspan="2">报送内容</td><td>依照税收征收管理法律、行政法规的规定,向税务部门报送平台内经营者的身份信息和与纳税有关的信息</td><td rowspan="2">《电子商务法》</td></tr>
<tr><td>2－2</td><td colspan="2">配合做法</td><td>应当提示依照本法规定不需要办理市场主体登记的电子商务经营者办理税务登记</td></tr>
</table>

三、评述

第一，监管方向正确，但责任划分应明晰。无论是市场监督管理部门抑或税务部门，真正有效落实市场主体/纳税主体登记及监管等相关职责的前提，是掌握平台内经营者的身份、交易等相关信息，而平台经营者天然拥有这些信息资源，只有赋予平台经营者及时报送或者提供相关信息的法定义务，相关登记及监管规定才可实现监管到位。

然而，要求平台履行相应法定义务的同时，相关政府监管部门亦不可“缺位”。政府监管部门与平台经营者的责任划分应当明晰且边界分明，做到“不越位”“不缺位”，在发挥平台经营者协同监管的作用的同时，加强对平台自身及平台内经营者的监管力度，以形成高效有序的监管体系。

第二，监管细则要够细，足以实操。从前述规定中可以看出，目前对于平台经营者需向市场监督管理部门履行的报送义务已较为详细，其中较为落地的规定是鼓励采用自动化报送模式，即“鼓励网络交易平台经营者与市场监督管理部门建立开放数据接口等形式的自动化信息报送机制”，只有真正做到接口的开放，为报送提供便利，才能鼓励平台去对接，同时提高监管的效率。

第三，平台报送的数据安全风险不可忽视。2021 年 9 月 1 日正式实施的《数据安全法》第 38 条规定：国家机关为履行法定职责的需要收集、使用数据，应当在其履行法定职责的范围内依照法律、行政法规规定的条件和程序进行；对在履行职责中知悉的个人隐私、个人信息、商业秘密、保密商务信息等数据应当依法予以保密，不得泄露或者非法向他人提供。平台经营者数据报送涉及政府、平台自身、平台内经营者及公众等多元主体利益，在维护公众利益的同时，个人信息及企业信息的安全与利益保障亦不容忽略。因此，平台报送/政府要求的数据具体内容及范围、报送/要求的数据的具体规范流程及方式、报送/要求的数据的安全保障及责任边界都是当前亟须明确与规范的问题。唯有如此，方能实现政府、平台、公众等多元主体利益的平衡。

第四，税务信息的报送细则缺位。我们看到目前除了《电子商务法》中对平台提及报送义务，并未见相关的具有可操作性的实施办法或管理制度与之匹配对应，而《电子商务法》中规定的报送义务又较为宽泛，缺乏实操性及可执行性，从而将该报送义务划为盲区。

相比之下，经济合作与发展组织（OECD）在2020年7月发布全球税收报告框架，专门针对共享零工经济平台经营者对于平台内经营者的税务报送义务制定了较为详尽的报送指引《平台运营商针对共享和零工经济中卖方进行报告的示范规则》（The Model Rules for Reporting by Platform Operators with Respect to Sellers in the Sharing and Gig Economy，以下简称MRDP），我国税务部门可以借鉴此类规则指引，制定针对国内平台经营者的税务信息报送义务管理办法。为此，笔者在下一节中专门针对上述MRDP规则进行详细解读，并与我国目前相关规定进行对比梳理，分析OECD建立该规则的逻辑思路，为国内未来建立相关具体规则提供借鉴。

第七节　灵工平台报送义务的国际规则比较

从上一节关于国家市场监督管理总局的新政就灵工平台的报送义务中我们可以看出,目前我国除在《电子商务法》中提及平台的税务信息报送义务之外,尚未对应性出台相关的细则规定。

对比经济合作与发展组织(OECD)在 2020 年 7 月公布的《平台运营商针对共享和零工经济中卖方进行报告的示范规则》(The Model Rules for Reporting by Platform Operators with Respect to Sellers in the Sharing and Gig Economy)及《行为准则:税务当局与共享/零工经济平台之间的合作》(Code of Conduct: Cooperation between Tax Administrations and Sharing and Gig Economy Platforms,合称《MRDP》),发现我国目前对平台经营者的税务信息报送义务的规定并未落到实处,可操作性并不强。

为此,笔者对《MRDP》相关规则进行详细解读,并从适用范围、申报主体、报送信息主体、报送信息范围、报送对象及程序、尽职调查、协助义务、管理与执行等方面,就与《电子商务法》的相关内容作系统性的梳理、对比与评析。

一、《MRDP》主要内容概述

《MRDP》共四章内容,分别为"释义""尽职调查程序""报送要求""管理和执行",主要从以下三个方面进行规制:首先,对需报送的目标交易范围予以明确,重点关注不动产租赁服务及个人服务;其次,对平台运营商和卖家的范围作尽可能广泛的规定,以确保尽可能多的相关交易可以被报送;最后,对尽职调查及报送规则进行制定,以确保在不增加平台经营者过多负担的情况下,向主管税务部门报告准确的信息。

《MRDP》制定的主要目的在于:(1)确保纳税人和税务部门能够及时获得与平台内经营者所获得收入相关的高质量信息,以加强合规性并最大限度地降低税务部门和纳税人的合规成本;(2)促进不同辖区之间报告规则的标准化,以帮助平台遵守不同辖区之间的报告义务;(3)促进税务部门之间的国际合作,以确保税务部门能够获取居民平台内经营者所获得收入相关的信息。除此之外,《MRDP》规定的报送义务还可能用于除促进和增强平台内经营者对其纳税申报义务的遵守外的其他与税收相关的目的,如社会保障缴款等。

二、《电子商务法》与《MRDP》关于报送义务之对比梳理

当前,我国对平台经营者的税务报送义务主要体现在《电子商务法》中,尚未发布相关的具有可操作性的实施办法或管理制度与之匹配。为国内相关规则的制定提供参考与借鉴,帮助国内相关平台经营者提前就报送义务的合规履行进行规划,笔者从适用范围、申报主体、报送信息主体、报送信息范围、报送对象及程序、尽职调查、协助义务、管理与执行等方面,就《电子商务法》与《MRDP》相关内容作如下梳理、对比与评析,见表4-8:

表4-8 《电子商务法》与《MRDP》关于信息报送义务之对比梳理表

要点	《电子商务法》	《MRDP》	评述
适用范围	1. 电子商务活动:通过互联网等信息网络销售商品或者提供服务的经营活动。 2. 例外:金融类产品和服务,利用信息网络提供新闻信息、音视频节目、出版以及文化产品等内容方面的服务。	相关服务(Relevant Service):是指以获得收入为目的提供: (1)不动产租赁服务;或 (2)个人服务。个人服务是指由一个或多个个人根据用户的需求按时间或按任务所提供的服务(除非该服务纯粹是为了辅助整个交易的完成),不包括卖家根据与平台运营商或平台运营商的相关实体的雇佣关系所提供的服务。	1. 相同点: 均包含通过互联网等信息网络提供服务的经营活动。 2. 不同点: (1)《MRDP》所规定的适用范围不包括通过互联网等信息网络销售商品的经营活动; (2)《MRDP》列举的服务范围限定为不动产租赁服务及个人服务,其中个人服务系根据卖家与平台运营商的法律关系列举例外情形,

续表

要点	《电子商务法》	《MRDP》	评述
			相较于《电子商务法》根据平台内经营者提供的具体服务内容所列举例外情形,《MRDP》下的个人服务范围更广泛。
申报主体	电子商务平台经营者:是指在电子商务中为交易双方或者多方提供网络经营场所、交易撮合、信息发布等服务,供交易双方或者多方独立开展交易活动的法人或者非法人组织。	1. 平台(Platform): (1)定义:是指用户可以访问并允许卖家(Seller)为此类用户提供相关服务的任何软件(包括网站或其一部分)和应用程序(包括移动应用程序)。平台的运营可能还包括收集和支付相关服务所对应的对价。 (2)例外:平台不包括在不进一步干预相关服务的提供的情况下,专门提供下述用途的软件: a. 处理相关服务所涉及的支付服务; b. 相关服务的上架或广告服务; c. 将用户重定向或转移至平台。 2. 报送平台经营者(Reporting Platform Operator):是指符合下列条件的与卖家签约以向该卖家提供全部或部分平台的实体: (1)属于适用MRDP的管辖区内的税收居民;或 (2)虽不属于上述管辖区的税收居民,但依据MRDP实施地的法律成立或在该地拥有管理机构(含实际管理机构)的平台经营者。 3. 例外:“无需报告的平台经营者”(Excluded Platform Operator):	1. 相同点: 平台均限定为服务提供经营场所、交易撮合的平台,均将自营平台剔除在申报主体范围之外。 2. 不同点: 《MRDP》将年度总收益规模较小的、应报告卖家无法盈利的、不包含应报告卖家的平台经营者作出例外规定。

续表

要点	《电子商务法》	《MRDP》	评述
		(1)促成不动产租赁或个人服务等相关服务交易的达成，且上一公历年度的总收益小于100万欧元，并已通知相关税收管辖区的税务部门其选择按此项对待的平台经营者； (2)向税收管辖区税务部门提供了令其满意的证明，表明平台整体的商业模式不允许卖家从上述收益中获得对价的平台经营者； (3)向税收管辖区税务部门提供了令其满意的证明，表明平台整体的商业模式下不存在应报告卖家的平台经营者。	
报送信息主体	平台内经营者：通过电子商务平台销售商品或者提供服务的电子商务经营者。	1. 应报告卖家(Reportable Seller)：指下列在报告期内在平台注册的活跃卖家： (1)居住在应报告税收管辖区；或 (2)为应报告税收管辖区中的不动产租赁提供相关服务；或 (3)取得或应当取得与应报告税收管辖区中的不动产租赁服务相关的收益。 [注]在报告期内既未提供任何相关服务，也未在报告期内获得与相关服务有关的已付或待付对价的卖家不是活跃卖家。 2. 例外：无须报告的卖家(Excluded Seller)为： (1)在报告期内平台经营者为其促成过2000多项不动产租赁服务的实体(如大型酒店)；	1. 相同点： 报送信息主体均为平台内从事经营活动的主体。 2. 不同点： 《电子商务法》未就平台内经营者作出例外规定，范围较为宽泛；而《MRDP》将报送信息主体限定为活跃卖家，且在活跃卖家中作出例外规定，将以下3种违规风险较小的主体排除在外，其对于报送信息主体的范围限定更为细致： (1)大型不动产租赁服务商：此类企业应该已经意识到自己的纳税义务，且主管税务部门通常应能够根据其他现有信息来源核实其税收申报义务的遵守情况；

续表

要点	《电子商务法》	《MRDP》	评述
		(2)政府实体； (3)其股票在既定证券市场上进行定期交易的实体或其关联实体(关联实体指受一方控制或处于共同控制之下,控制包括直接或间接地持有50%以上投票权和利益)。	(2)政府机构； (3)上市主体:此类企业通常受到其他形式的监管以促使其遵守相关税收申报义务。
报送信息范围	报送平台内经营者的身份信息和与纳税有关的信息。	1. 报告平台经营者的名称、注册办公地址和纳税人识别号,以及其报告平台的名称； 2. 对于提供相关服务(不动产租赁除外)的应报告卖家: (1)尽职调查信息； (2)任何其他纳税识别号及授予其纳税识别号的税收管辖区； (3)平台经营者可获得的在税收管辖区内的金融账户识别码(Financial Account Indentifier)。如账户名称与应报告卖家的名称不同,还应报告用于收取对价的账户持有人的名称及其他识别信息； (4)应报告卖家的居民身份所在辖区； (5)报告期内每个季度支付或应收取的总对价以及所提供服务的数量； (6)报告平台经营者在报告期内每个季度代扣或收取的费用、佣金或税收。 3. 对于为不动产租赁提供相关服务的应报告卖家还需提供: (1)每个不动产清单内相关不动产的地址,以及土地登记号(如有)；	1. 相同点: 报送信息范围均包括身份信息和与纳税有关的信息。 2. 不同点: (1)《电子商务法》报送信息范围仅限定于与平台内经营者相关的信息;而《MRDP》还包括平台经营者自身的相关信息。 (2)《电子商务法》规定的报送信息范围较为笼统;而《MRDP》对所需报送的信息作出了更为细致的规定,并要求提供卖家的银行账户信息,且针对提供不动产租赁服务的应报告卖家,额外要求提供与标的不动产相关的信息,以便于主管税务机构知晓该等交易更为精确的信息。

续表

要点	《电子商务法》	《MRDP》	评述
		(2)在报告期内,每个不动产清单内不动产的租赁天数以及每种不动产的类型。	
报送对象及程序	1. 报送对象:税务部门。 2. 报送程序:——	1. 报送对象:报送平台经营者所属管辖区税务部门; 2. 报送程序:须在卖家被确认为应报告卖家的次年1月31日前报告所属报告期内收集的信息。	1. 相同点: 报送对象均为主管税务部门。 2. 不同点: 《电子商务法》并未详细约定报送程序。
尽职调查	电子商务平台经营者应当要求申请进入平台销售商品或者提供服务的经营者提交其身份、地址、联系方式、行政许可等真实信息,进行核验、登记,建立登记档案,并定期核验更新。	1. 尽职调查内容: (1)收集应报告卖家信息:报送平台经营者必须收集每个应报告卖家的以下信息: a. 自然人姓名/企业名称; b. 主要地址; c. 纳税识别号及授予其纳税识别号的税收管辖区; d. 出生日期; e. 企业商业登记号。 (2)核实应报告卖家信息:报送平台经营者须根据平台里所有可用的数据来核实所收集的应报告卖家信息,并运用公共电子查询路径来核实纳税识别号的有效性。 (3)判定应报告卖家的税收居民身份:报送平台经营者必须将卖家视为其主要地址所在地的税收居民;同时,必须将卖家视为通过政府核实服务所确认的每一个管辖区的税收居民。 (4)收集不动产租赁信息:报送平台经营者必须收集应报告卖家提供租赁服务的每处不动产	1. 相同点: 均要求平台经营者对平台内从事经营活动主体的身份信息进行收集、核验。 2. 不同点: (1)对象范围不同:《电子商务法》的核验登记对象为进入平台销售商品或提供服务的经营者;而MRDP尽职调查对象仅针对应报告卖家。 (2)程序不同:《电子商务法》未对平台收集、核验、登记及更新相关信息的时间、频率及具体程序进行规定;而《MRDP》对于尽职调查的履行时间、尽职调查的履行程序及有效性均作出细致规定。 (3)内容不同:《电子商务法》核验登记信息还包括行政许可信息;《MRDP》仅为应报告卖家的主体信息及具体的不动产租赁信息。

续表

要点	《电子商务法》	《MRDP》	评述
		信息。 2. 履行尽职调查的时间：报送平台经营者须在所属报告期的12月31日之前完成尽职调查，可委托第三方进行尽职调查。 3. 尽职调查的有效性：报送平台经营者可以依赖尽职调查结果的前提是： （1）在过去36个月内已收集、验证或确认了卖家的主要地址；且 （2）不应知道所收集信息不可靠或不正确。	
协助义务	应当提示依照本法第10条规定不需要办理市场主体登记的电子商务经营者办理税务登记。	平台经营者应当制定帮助卖家履行纳税义务的策略文件，在卖家初次注册时以及注册后定期提示，以帮助其了解其税收申报义务，协助其报告应纳税所得，并在法律要求的情况下协助其向主管税务部门报告信息。	1. 相同点： 均规定了平台经营者与税务部门之间的协助义务。 2. 不同点： 协助义务的具体内涵不同，《电子商务法》规定的协助义务是提示平台经营者办理税务登记；而《MRDP》规定的协助义务是提示卖家了解税收申报义务并协助其向主管税务申报纳税。
管理与执行	电子商务平台经营者有下列行为之一的，由有关主管部门责令限期改正；逾期不改正的，处2万元以上10万元以下的罚款；情节严重的，责令停业整顿，并处10万元以上50	建议主管部门采取下列措施，以确保报送平台经营者有效地执行和遵守标准规则： 1. 制定收集和核实所需信息相关要求的规则； 2. 制定尽职调查过程和记录的保存与获取规则； 3. 制定核实报送平台经营者遵从尽职调查程序和报告要求的相关管理程序；	1. 相同点： 均明确平台对于未履行相关报送义务的行为需承担相应法律后果，以此敦促平台积极履行相关报送义务。 2. 不同点： 《电子商务法》对未履行报送信息的法律责任进行了明确的强制性规定；而《MRDP》作为示范规则，未

续表

要点	《电子商务法》	《MRDP》	评述
	万元以下的罚款：(1)不履行核验、登记义务的；(2)不向市场监督管理部门、税务部门报送有关信息的等。	4. 针对报送平台经营者所报告的信息不完整或不准确的情况，制定后续跟踪管理程序；5. 对不遵从行为制定有效的执行措施，可以依托现行处罚规则来强化遵从。	就法律责任进行明确约定，而是就主管部门应制定的规则进行建议。

三、总结与启示

整体而言，我国《电子商务法》对于平台经营者的报送信息义务的规定较为宽泛，且仅限于原则性规定，尚未体现在相关专门的税收法律法规之中。纵览《MRDP》，其无论是在报送信息主体、报送信息范围还是报送程序方面，均作出了较为明确、细致及合理的规定。就《MRDP》中可学习参考之处总结如下：

第一，对不同类型的申报主体及报送信息主体进行“因材施教”。目前，《电子商务法》对申报主体及报送信息主体“一视同仁”，未依据其自身特点及可负担情形制定不同的申报要求；而《MRDP》为力图确保其适用范围适当、有效且有针对性，根据平台规模、所产生的收入及平台内经营者的信息等因素综合考量其合规成本风险，从而平衡所需报送的信息范围与主管税务部门的需求以及平台经营者的负担。如对于平台内大型企业或上市企业，基于其已可通过其他监管规定知晓并履行纳税申报义务，故不再纳入《MRDP》所适用的范围之内。我国亦应以终为始，基于完善平台内经营者的纳税申报义务的目的，进一步明确申报主体及报送信息主体的范围。

第二，增加可操作性，细化报送信息范围及补充报送流程的规定。《MRDP》对于报送信息的范围、报送时间、报送前所需进行的尽职调查义务进行了详细的约定，便于平台经营者可以及时地向主管税务部门报送准确且高质量的税务信息。对此，我国可予以借鉴，细化平台经营者报送信息范围（如除平台交易信息外，增加对平台内经营者银行账户的联动监管，收集其相关账户信息）及平台收集相关信息的程序（需在不违反《网络安全法》等相关法律法规的前提下），并以年度为单位明确平台相关信息的报送时间。

第三，针对不同违规行为制定与之相匹配的惩罚机制。只有针对违规行为制定明确且具有威慑力的法律责任，才能促进平台积极履行税务信息报送义务。我国目前只针对“不履行核验、登记义务”及“不向税务部门报送有关信息”两种违法违规行为有相应的处罚规定，后续可根据报送义务细则，制定与之相匹配的惩罚机制。

我国税务部门可借鉴《MRDP》等其他相关规则指引，针对国内平台经营者制定相关税务信息报送义务的管理办法，以确保法律法规的可操作性及可执行性，切实履行申报义务，构建合规健康的电商生态。

第五章

灵工平台在主要垂直领域中的合规解决方案

灵活用工在即时配送行业、直播行业、电竞行业（“基础阵地行业”）萌芽并茁壮成长，并向社交电商、互联网医疗、在线教育（“进军扩张行业”）等行业迅猛扩张。

灵工行业除了具备行业通行的痛点外，基于各行业独特的业务内容及法律风险的差异，在与灵工用工结合时，均会碰撞出不同的风险问题：

针对直播与电竞行业，直播与电竞遇上灵活用工，属于典型的“新手碰新手”，核心风险点在于分析基础法律关系及网红主播、电竞选手个人所得税的适用税率和缴纳方式。

针对社交电商行业，社交电商本身固有两个痛点，即“涉传风险”与“社交电商人员的收入定性及其个人所得税的缴纳风险”。该行业通过灵活用工来解决其前述痛点，随之而来导致灵工平台必须厘清其在总包业务模式下自身的法律风险与责任，以避免风险传导。

针对互联网医疗行业，疫情加速了互联网医疗的快速发展，并催生了一批主流互联网诊疗咨询平台。然而，互联网医疗行业内平台与医师基础法律关系如何界定和在线诊疗与健康咨询的界限如何区分则是互联网医疗行业（含健康咨询）发展灵活用工要回答的两大核心基础问题。

第一节 社交电商行业灵工平台的解决方案

社交电商对于灵工平台而言意味着“蓝海市场”。《2020 年度中国社交电商市场数据报告》[①]显示，2020 年社交电商市场规模为 23000.5 亿元，预计 2021 年交易规模达到 28650.5 亿元，逼近 3 万亿元。

然而，社交电商平台的传销风险一直存在。仅过去一年，因涉嫌传销被冻结账号、罚没金额的社交电商平台便多达 20 家，被冻结金额总额超过 16 亿元人民币，已公示被罚没金额超过 8420 万元人民币[②]。

由此可见，灵活用工平台与社交电商平台“联姻”，并不是一件容易的事情，稍有不慎，便会因社交电商的涉传行为而面临相应法律风险。对此，本节系统性地梳理了不同合作模式下灵工平台可能承担的法律责任，并奉上灵工平台在社交电商领域的“生存指南”，以期深入解读灵工平台与社交电商平台的合作之道。

一、社交电商与灵活用工模式天然契合

社交电商平台因其平台上从业人员的灵活性，天然具备了与灵工平台结合的基础，但机会与风险并存，社交电商平台往往存在两大法律风险问题：

一是产品推广模式容易涉嫌传销。为了实现快速裂变，社交电商平台通常会就个人分销员的产品推广行为向其支付佣金，但具体结算规则却游走在法律

---

① 网经社电子商务研究中心：《2020 年度中国社交电商市场数据报告》，载 http://www.100ec.cn/zt/2020sjdsbg/，最后访问时间：2021 年 6 月 7 日。

② 新零售经济网：《“黑马”变成了监管欲除的“毒瘤”？20 家社交零售企业因涉传被冻结资金超 16 亿元》，载 https://mp.weixin.qq.com/s/uKqil4YsxVatPLW8aOkJYw，最后访问时间：2021 年 6 月 7 日。

的灰色地带,极易被认定为构成《禁止传销条例》里规定的“拉人头型”①传销行为(仅根据其直接或者间接发展推荐的人员数量为依据计算佣金)及“团队计酬型”②传销行为(形成上下级团体并以下级的销售业绩为依据计算并给付上级佣金)。

二是底层的个人分销员的个人所得税未能完税。社交电商平台内的个人分销员的收入性质容易被认定为“劳务报酬所得”,根据《个人所得税法》的规定应当由支付报酬的一方代扣代缴个人所得税。然而,社交电商平台在向个人分销员支付佣金时,往往会是“一刀切”地以“税费”之名扣下收入中的部分比例,但实际并未向主管税务机关缴纳该部分款项,因此个人分销员并未实现完税。

针对上述两个问题,可考量的解决方案是:将底层的个人分销员转变为市场主体(其中成本最低的即为个体工商户),将“个人对个人(C2C)”模式转变为“企业对企业(B2B)”模式,从而在切断层级的时候,依法合规地解决增值税、个人所得税的完税问题。

上述解决方案的思路和灵工平台提供的解决方案实质一致,都是通过转变自然人的法律主体形式进而转变人和组织的法律关系,同时帮助解决人的结算问题(包括税务问题)。

从这个维度看,社交电商与灵活用工天然具有极强的契合度。

社交电商客户可通过灵工平台协助商户取得个体工商户身份,再与灵工平台总包模式结合,该方案同时满足了《电子商务法》对于市场经营主体的要求。

二、社交电商与灵活用工结合的风险边界

近几年,我们在服务于灵工平台企业时,发现灵工平台在与社交电商平台

---

① 《禁止传销条例》第7条第1项:组织者或者经营者通过发展人员,要求被发展人员发展其他人员加入,对发展的人员以其直接或者间接滚动发展的人员数量为依据计算和给付报酬(包括物质奖励和其他经济利益),牟取非法利益的。

② 《禁止传销条例》第7条第3项:组织者或者经营者通过发展人员,要求被发展人员发展其他人员加入,形成上下线关系,并以下线的销售业绩为依据计算和给付上线报酬,牟取非法利益的。

合作时，也存在一个“致命痛点”——社交电商平台一旦涉传，灵工平台作为业务总包方，势必会构成连带责任。

在厘清这个风险问题之前，首先需要分析灵工平台与社交电商平台之间具体的合作模式。

一般而言，灵工平台与社交电商平台的合作模式包括：(1)众包模式，即承揽社交电商平台的产品宣传推广服务后再转包给灵工人员；(2)撮合模式，即直接撮合社交电商平台企业与灵工人员就产品宣传推广服务达成合作。在不同合作模式下，灵工平台承担的法律责任风险也不尽相同：

(一)众包模式

在该模式下，灵工平台自社交电商平台处承揽产品推广服务，据此向社交电商平台收取业务承揽费用并向其开具增值税专用发票；而后灵工平台将该等服务众包给灵工人员，并向灵工人员支付相应推广服务费用。

若社交电商平台的产品推广模式被认定为构成传销行为，则灵工平台作为业务接包方，实质性地参与到社交电商的运营之中，将面临以下法律风险：

1. 可能构成组织、策划传销的行为

灵工平台将自社交电商平台处承揽的产品推广服务众包给灵工人员的行为，可能会根据《禁止传销条例》被认定为构成“组织、策划传销的行为”，将由主管市场监督管理部门没收非法财物，没收违法所得，处50万元以上200万元以下的罚款。

除行政处罚外，对于灵工平台内被相关主管部门认定为构成组织者、领导者①的相关人员而言，其亦可能根据《刑法》的规定被认定为构成“组织、领导传

---

① 《最高人民法院、最高人民检察院、公安部关于办理组织领导传销活动刑事案件适用法律若干问题的意见》第2条：下列人员可以认定为传销活动的组织者、领导者：(一)在传销活动中起发起、策划、操纵作用的人员；(二)在传销活动中承担管理、协调等职责的人员；(三)在传销活动中承担宣传、培训等职责的人员；(四)曾因组织、领导传销活动受过刑事处罚，或者一年以内因组织、领导传销活动受过行政处罚，又直接或者间接发展参与传销活动人员在十五人以上且层级在三级以上的人员；(五)其他对传销活动的实施、传销组织的建立、扩大等起关键作用的人员。以单位名义实施组织、领导传销活动犯罪的，对于受单位指派，仅从事劳务性工作的人员，一般不予追究刑事责任。

销活动罪”，从而面临刑事处罚的法律风险。

2. 可能构成介绍、诱骗他人参与传销的行为

灵工平台通过发布平台任务信息、允许灵工人员接包的行为，将可能根据《禁止传销条例》被认定为“介绍、诱骗他人参与传销的行为”，将由主管市场监督管理部门责令停止违法行为，没收非法财物，没收违法所得，处10万元以上50万元以下的罚款。

除此之外，如灵工平台根据《刑法》的规定被认定为构成“引诱、胁迫参加者继续发展他人参加”的行为，将涉嫌“组织、领导传销活动罪”，亦将被依法追究刑事责任。

（二）撮合模式

在该模式下，灵工平台仅系为社交电商平台提供发布、展示任务信息及为灵工人员提供个体工商户注册代办服务及撮合交易等服务，并作为代收代付方，代社交电商平台向灵工人员发放相应推广服务费。

若社交电商平台被认定为构成传销行为，灵工平台虽非传销行为的直接参与方，仅为其运营提供结算辅助服务，但亦存在以下法律风险：

1. 可能构成为传销行为提供便利条件的行为

根据《禁止传销条例》的规定，灵工平台可能会被认定构成为传销行为提供经营场所等便利条件的行为，将被主管市场监督部门责令停止违法行为，没收违法所得，处5万元以上50万元以下的罚款。

2. 可能构成为传销行为提供互联网信息服务的行为

根据《禁止传销条例》的规定，如灵工平台被认定构成为传销行为提供互联网信息服务的，由市场监督管理部门责令停止违法行为，并通知有关部门依照《互联网信息服务管理办法》予以处罚。

根据《互联网信息服务管理办法》的规定，如属于制作、复制、发布、传播含有法律、行政法规禁止的其他内容的行为的，构成犯罪的，将被依法追究刑事责任；尚不构成犯罪的，由公安机关、国家安全机关依照《治安管理处罚法》《计算机信息网络国际联网安全保护管理办法》等有关法律、行政法规的规定予以处

罚;对经营性互联网信息服务提供者,并由发证机关责令停业整顿直至吊销经营许可证,通知企业登记机关;对非经营性互联网信息服务提供者,并由备案机关责令暂时关闭网站直至关闭网站。

综上,灵工平台在与社交电商平台合作时,不同模式下的主要法律责任如表5-1所示:

表5-1 灵工平台与社交电商平台不同合作模式下的法律责任对比表

合作模式	众包模式		撮合模式	
违法行为	组织、策划传销	介绍、诱骗他人参与传销	为传销行为提供便利条件	为传销行为提供互联网信息服务
行政责任	由主管市场监督管理部门没收非法财物,没收违法所得,处50万元以上200万元以下的罚款	由主管市场监督管理部门责令停止违法行为,没收非法财物,没收违法所得,处10万元以上50万元以下的罚款	被主管市场监督管理部门责令停止违法行为,没收违法所得,处5万元以上50万元以下的罚款	由主管市场监督管理部门责令停止违法行为,并通知有关部门依照《互联网信息服务管理办法》予以处罚
刑事责任	组织、领导传销活动罪: 处5年以下有期徒刑或者拘役,并处罚金;情节严重的,处5年以上有期徒刑,并处罚金。		一般不涉及刑事责任	

三、灵活用工在社交电商领域的合规建议

通过上文的分析可以发现,灵工平台与社交电商平台的不同合作模式所需承担的法律责任不尽相同。因此,灵工平台只要把握住以下两项原则,即可相对把控在社交电商领域的合规风险:(1)审查社交电商平台结算规则的具体内容;(2)采用撮合模式合作。

(一)审查社交电商平台结算规则

审查社交电商平台的结算规则是灵工平台与社交电商平台合作的根本基础。

正如上文所述,社交电商平台的产品推广模式容易“埋雷”,如果灵工平台未在事前审查社交电商平台与灵工人员的具体推广佣金结算规则,而是贸然与社交电商平台展开合作,那么一旦社交电商平台被认定为构成“拉人头型”或“团队计酬型”传销行为,灵工平台作为实际参与到传销行为中的一环,将很难仅以“不知情”为由进行抗辩。

因此,灵工平台在审核确认社交电商平台佣金结算规则时,应重点考察:(1)社交电商平台是否仅系以个人分销员直接或者间接发展推荐的人员数量为依据结算佣金;(2)社交电商平台是否在形成上下级关系的情况下,以下级分销员的销售业绩为依据计算并给付上级多层分销员的佣金。

一旦发现社交电商平台结算规则有上述两种情形的,灵工平台应当及时评估是否终止与该社交电商平台的合作,以免与社交电商平台共同被认定为构成传销行为,从而承担相应法律责任。

(二)采用撮合模式进行合作

在审查确认社交电商平台可公开查阅到的具体结算规则后,灵工平台可以筛选出一些不合规的社交电商平台。但是,社交电商平台的后台规则是否做到了“实质上的合规”,就需要灵工平台作进一步的甄别。

相较于众包模式下灵工平台可能承担的法律责任,灵工平台可以考虑采用撮合模式与社交电商平台进行合作,减少对社交电商平台运营的实际参与,从而尽可能地降低自身可能面临的法律风险。

四、结语

灵工平台与社交电商平台的结合有一定必然性,但风险并存。当面临社交电商平台可能存在涉传风险时，灵工平台要降低连带责任风险，唯有慎重筛选社交电商平台客户，并确认二者最佳合作模式：一是审查社交电商平台结算规则，判断是否会直接违规涉传；二是合作方式上尽量采用撮合模式，仅作为实现社交电商平台上灵工人员的结算工具，而不直接参与到社交电商平台业务运营，以降低自身法律风险。

第二节 MCN 机构与主播的法律关系

直播与红人经济时代的到来，加速了主播与 MCN 机构之间的各种冲突，其中最显著的争议主要体现在两者之间法律关系不清晰引起的矛盾。虽然主播大多情况下与 MCN 机构签署《演艺经纪协议》《合作协议》等协议，约定双方构成平等主体之间设立、变更、终止民事权利义务关系，但往往又会在协议中约定人身强管理、强约束性等涉及劳动法律关系的相关条款及高额违约金条款，容易导致双方之间在法律关系上界定不清，而产生争议。

本节以主播与 MCN 机构之间的法律关系梳理入手，厘清不同法律关系下的纳税义务，并由此建议两者之间如何构建合规的灵工法律关系。

一、主播与 MCN 机构是什么法律关系？

主播与 MCN 机构（Multi - Channel Network，指通过资本及团队运作保障主播持续输出优质内容以最终实现商业变现的机构）之所以会产生不可调和的矛盾，核心在于合作伊始双方就对各自定位出现了“认识错位”，对彼此之间的法律关系认知不足，表面上即体现为双方对主播收入的纳税义务问题理解不清。该“认识错位”导致双方均对彼此有了错误的“期待”，“期待”一旦落空，必然会引发二者的矛盾。

1. 两者之间法律关系模糊

在实践中，主播与 MCN 机构之间签署的协议类型，除简单约定主播依据 MCN 机构要求为其提供劳务服务的《劳务协议》外，往往会签订《演艺经纪协议》（实践中 MCN 机构与主播之间签署的合同可能存在《艺人经纪协议》《主播经纪合同》《演艺经纪合同》等不同名称，为方便表述，统称为《演艺经纪协议》),约定 MCN 机构与主播之间为合作关系,MCN 机构作为主播的独家经纪人,负责安排主播的一切商务活动,主播须服从 MCN 机构的商务安排及其他要求;双方就商务活动所获收益按一定比例进行分成,MCN 机构除向主播支付收益分成外,不承担为主播缴纳社保及住房公积金的义务。

然而,近年来,主播诉请法院要求确认与 MCN 机构之间存在劳动关系的案件屡见不鲜,也确有不少法院最终判定二者之间虽未签订书面劳动合同但仍存在事实劳动关系,MCN 机构因此需向主播承担《劳动法》《劳动合同法》等规定的用人单位的法定义务。

事实上,主播与 MCN 机构之间,仅存在以下三种法律关系:

(1)劳动关系:强人身隶属关系,受《劳动法》《劳动合同法》等相关法律法规规制。主播在 MCN 机构的管理、监督和指挥下为 MCN 机构提供劳动并收取劳动报酬。在此种法律关系下,MCN 机构作为用人单位则需承担《劳动法》及《劳动合同法》规定的义务,主播对 MCN 机构具有从属性,亦可依法享受社保、住房公积金及其他福利待遇。

(2)劳务关系:无人身隶属关系,受《民法典》规制,主播与 MCN 机构作为平等法律主体,主播依据 MCN 机构要求为其提供具体的劳务并获取劳务报酬。在此种法律关系下,双方主体地位平等,除 MCN 机构需承担代扣代缴的法定义务外,双方可自由约定彼此需承担的权利义务(以下简称劳务关系)。

(3)经纪合作关系:无人身隶属关系,受《民法典》规制,主播自主负责持续的内容创作与产出,MCN 机构为主播提供商业资源、账号运作、粉丝管理等方面的赋能服务。司法实践中大都将《演艺经纪协议》看作一类具有鲜明行业特征的综合性协议,在双方意思表示真实的前提下,要求合同双方依据协议中关于委托、行纪、居间等相关约定和《民法典》的规定,行使权利,履行义务(以下简称合作关系)。

由此可见,在不同的法律关系下,主播与 MCN 机构各自的权利义务不尽相同。只有在第 3 种经纪合作法律关系中,才能真正构建主播与 MCN 机构之间的灵工法律关系。

2. 纳税义务分辨不清

不同的法律关系下，主播与 MCN 机构所承担的个人所得税纳税义务实际也各不相同：

表 5-2 不同法律关系下主播个人所得税纳税义务区分表

序号	法律关系	税目	税率	纳税人	扣缴义务人
1	劳动关系	工资、薪金所得	3% ~45%	主播	MCN 机构
2	劳务关系	劳务报酬所得	3% ~45%	主播	MCN 机构
3	合作关系	经营所得	5% ~35%	主播	—

由表 5-2 可知，当主播与 MCN 机构之间为劳动或劳务关系时，主播所获收入属于工资、薪金所得/劳务报酬所得，归入综合所得适用 3% ~45% 七级超额累进税率，同时 MCN 机构作为扣缴义务人，在向主播支付收益分成时，需履行代扣代缴义务；而当主播与 MCN 机构之间为合作关系（针对前文所称的主播自主经营，MCN 机构赋能的合作情形，主播亦可通过其自主设立的个体工商户、个人独资企业等法律主体名义与 MCN 机构签约，下同）时，主播所获收入属于经营所得，适用 5% ~35% 五级超额累进税率，自主纳税申报，MCN 无须承担代扣代缴义务。

二、主播与 MCN 机构的权利义务如何界定

如上文所述，在不同法律关系下，主播与 MCN 机构所需承担的权利义务与纳税责任不尽相同。对此，笔者就不同情形下主播与 MCN 机构的主要权利义务作了梳理，就主播及 MCN 机构需重点关注的条款作了批注及要点解析，供业内主播与 MCN 机构把控协议要点，切实维护自身合法利益。

表 5-3 不同法律关系下主播与 MCN 机构的主要权利义务对比表

序号	项目	劳动关系	劳务关系	合作关系
1	签约主体①	1. MCN 机构:为企业、个体经济组织、民办非企业单位等组织 2. 主播方:自然人	双方均无特殊要求	1. MCN 机构:若合作内容涉及以营利为目的的为公众举办的现场文艺表演活动的,MCN 机构应具有《营业性演出许可证》② 2. 主播方:自然人或其自主设立的个体工商户、个人独资企业等市场主体
2	试用期	可约定试用期(最长不得超过 6 个月),试用期工资不得低于约定工资的 80%	—	—
3	收入性质	属于工资薪金,不得低于最低工资标准	属于服务费,可自主约定	属于收益分成,可自主约定
4	人员管理	可要求主播遵守 MCN 机构公司规章制度	如 MCN 机构要求主播遵守 MCN 机构公司规章制度,则存在被认定为存在事实劳动关系的风险	若主播以自然人名义签约,如 MCN 机构要求主播遵守 MCN 机构公司规章制度,则存在被认定为存在事实劳动关系的风险
5	社保、公积金、福利待遇	MCN 机构需承担为主播缴纳社保、住房公积金及保障主播福利待遇的法定义务	MCN 机构无须承担此义务	MCN 机构无须承担此义务

① 为免疑义,本节主播均系完全民事行为能力人,暂不讨论主播系限制民事行为能力人的情况。

② 根据《营业性演出管理条例》的规定,从事营业性演出经营活动(是指以营利为目的的为公众举办的现场文艺表演活动),演出经纪机构需要向文化主管部门申领《营业性演出许可证》。尽管司法实践中,绝大多数法院并不会因为经纪合同的签约主体缺乏演艺经纪机构的资质,从而否定双方签署的经纪合同的效力,但也有个别法院认为经纪合同中涉及营业性演出的部分,签约主体须具备相关资质,否则该等条款无效[参见北京市第一中级人民法院(2008)一中民终字第 14677 号杨某某与老孙文化(北京)有限公司合同纠纷上诉案]。

续表

序号	项目	劳动关系	劳务关系	合作关系
6	纳税义务	MCN 机构需承担代扣代缴义务	MCN 机构需承担代扣代缴义务	MCN 机构无须承担代扣代缴义务
7	工伤	若主播发生工伤,MCN 机构需承担工伤保险责任	若主播在提供劳务服务时发生人身损害,MCN 机构仅在约定承担相关义务时承担责任	若主播在参与商务活动时发生人身损害,MCN 机构仅在约定承担相关义务时承担责任
8	知识产权	1. 职务作品知识产权一般属于主播,但 MCN 机构在其业务范围内可优先使用 2. 在特定情形下,署名权由主播享有,其他权利由 MCN 机构享有	MCN 机构与主播可自由约定知识产权归属	MCN 机构与主播可自由约定知识产权归属
9	保密及竞业限制义务	1. MCN 机构可在合同中约定主播需承担保密义务及竞业限制义务(不得超过 2 年),在竞业限制期限内按月给予劳动者经济补偿 2. 主播违反竞业限制约定的,应当按照约定向 MCN 机构支付违约金	MCN 机构与主播可自由约定保密及竞业限制义务	MCN 机构与主播可自由约定保密及竞业限制义务
10	关系解除	1. 如主播申请辞职,需提前 30 日(试用期需提前 3 日)向 MCN 机构提出 2. 如 MCN 机构解除劳动关系,根据不同情形可能支付经济补偿金	MCN 机构与主播可自主约定合同解除的情形	MCN 机构与主播可自主约定合同解除的情形,部分 MCN 机构会约定转让费

续表

序号	项目	劳动关系	劳务关系	合作关系
11	争议解决	需先向劳动仲裁委申请仲裁,对仲裁不服的才可向法院提起诉讼	MCN 机构与主播可自主约定争议解决途径	MCN 机构与主播可自主约定争议解决途径

三、结语

行业内 MCN 机构签约主播时存在的一些乱象,即所签署的协议法律关系不清、纳税义务不明,以致彼此对各自的权利义务边界有了"认识错位",从而引发矛盾。

在强人身隶属属性的劳动关系下,MCN 机构需根据《劳动法》《劳动合同法》等法律法规承担用人单位法定义务,同时主播则可依法享受社保、住房公积金及其他福利待遇;在无人身隶属属性的劳务关系下,MCN 机构除需承担代扣代缴的法定义务外,双方可自由约定彼此需承担的权利义务;在主播自主负责内容创作与产出、MCN 机构负责赋能的合作关系下,双方则可自由约定彼此需承担的权利义务、自行申报纳税。

因此,若要真正意义上构建主播与 MCN 机构的灵工法律关系,笔者认为,首先要明确两者之间现有的法律关系种类和形态,在正确且清晰选择经纪合作关系时,双方之间可与灵工平台结合,构成灵工法律关系。

第三节 直播平台与主播的合规纳税方案

上一节笔者分析了主播与MCN机构之间的法律关系，明确两者法律关系属性之后主播的纳税性质和纳税方式也就随之确定。在直播这个生态中，除了主播和MCN机构，还有一个重要的角色，就是直播平台，实践中存在大量的主播并未与MCN机构建立法律关系，而是直接以自身的名义与直播平台建立法律关系。所以在这个维度上，我们需要同步深入探讨直播平台在这个生态中与主播之间的法律关系形态，以便我们提出构建直播平台与主播之间灵工法律关系的合规方案。

本节从直播平台个人所得税扣缴模式的现状入手，就直播平台个人所得税法律关系进行分析，并提出直播平台税法合规的相关法律建议，有助于行业构建灵工法律关系。

一、直播平台个人所得税扣缴模式现状

（一）哪些收入需要缴纳个人所得税？

直播行业主要分为内容直播平台和电商直播平台两类，主播通过直播平台向用户进行游戏、音乐、影视等内容直播或向用户推销商品，并依据平台的收益分配规则获得相关收益。

对于不同类型的直播平台，主播收入构成有所不同，但一般大致包含用户打赏分成、底薪、衍生副业所得及平台额外奖励。

对于平台额外奖励，属于偶然所得（税率为20%），由直播平台代扣代缴主播个人所得税；对于用户打赏分成、底薪、佣金、衍生副业所得，实践中通常作为劳务所得由直播平台代扣代缴。

表 5-4 直播平台主播不同收入来源的个人所得税税目及税率对比表

序号	收入来源	税目	税率
1	用户打赏分成	劳务所得	3% ~45%
2	底薪		
3	商品推广佣金		
4	衍生副业所得		
5	平台额外奖励	偶然所得	20%

（二）个人所得税怎么缴纳？

主播个人所得税如何缴纳则涉及主播与平台之间的法律关系。目前，主流内容直播平台的主播一般分为独立主播、公会主播、签约主播及个体工商户主播四类。针对不同的主播类型，个人所得税缴纳方式也各不相同。

表 5-5 直播平台不同类型主播的个人所得税缴纳方式对比表

主播类型	收益结算	个人所得税扣缴模式
独立主播	对于未入公会、未与直播平台或 MCN 机构签约的独立主播，其收入会与直播平台进行比例分成。	以劳务报酬所得预扣税款：独立主播提现时，直播平台会以劳务报酬所得预扣税款，并将税后款项提现至主播提交的银行账户之中。
公会主播	1. 独立主播加入平台上入驻的公会，与公会签署相关经纪合作协议，成为公会主播； 2. 公会主播所获收益先由直播平台与公会进行分成（直播平台与公会对公结算），后由公会按照与公会主播约定的分成比例与主播进行结算。	以劳务报酬所得预扣税款：公会与主播进行结算时，公会以劳务报酬所得预扣税款。
签约主播	直播平台与优质头部主播签署相关《独家合作协议》，约定签约主播在合作期限内需依据每月有效直播时长在直播平台进行直播，直播平台按月向签约主播支付费用。	以劳务报酬所得预扣税款：直播平台每月与签约主播结算时，依照劳务报酬所得预扣税款。

续表

主播类型	收益结算	个人所得税扣缴模式
个体工商户主播	对于收入可观的主播，直播平台鼓励其申请开通个体工商户主播，所获收入需扣除相应比例的平台管理费。	经营所得自行申报：个体工商户主播提现后所得作为经营所得自行申报纳税。

对电商直播平台而言，主播一般分为店主主播及带货主播两类，以淘宝平台为典型。

表5-6　电商平台主播个人所得税缴纳方式对比表

主播类型	收益结算	个人所得税扣缴模式
店主主播	消费者通过直播间中的商品链接至其店铺下单购买商品，店主获得商品销售所得。	经营所得自行申报：店主所得为经营所得，由店主自行申报纳税。
带货主播	1. 商品导购佣金：带货主播在为商家进行商品/服务推广时，可获得由商家发放的商品导购佣金； 2. 动态奖励推广费：带货主播在公域场景进行商品或服务推广时，可获得来自直播平台发放的动态奖励推广费； 3. 平台奖励：直播平台为鼓励带货主播，会对其进行额外奖励。	1. 商品导购佣金：带货主播可直接提现。 2. 动态奖励推广费：由直播平台依照劳务报酬所得预扣税款。 3. 奖励： （1）补贴类别：直播平台按照20%的税率进行扣缴； （2）非补贴类别：直播平台以劳务报酬所得进行扣缴。

二、主播个人所得税应当如何缴纳？

对于平台额外奖励适用偶然所得由直播平台代扣代缴，实践中并无太大争议，故本节仅讨论主播获得除平台额外奖励外收益时的个人所得税收法律问题。

当主播并非直接与直播平台合作，而是通过加入公会或签约MCN机构的方式间接与平台合作时，适用何种个人所得税项目则依据主播与公会/MCN机构的法律关系认定。

对于主播作为独立主播直接入驻直播平台或与直播平台签约的情况下，如何缴纳个人所得税，则需依据主播与直播平台的法律关系进行认定。

（一）直播平台与主播法律关系如何界定？

主播的个人所得税如何缴纳，关键在于主播与直播平台之间的关系如何界定。如果认定为劳动关系，则适用工资、薪金所得缴纳个人所得税；如果认定为劳务关系，则适用劳务报酬所得缴纳个人所得税；如果主播已成立相关市场主体，与直播平台构成合作关系，则适用经营所得缴纳个人所得税。

1. 主播以个人名义直播

根据《确立劳动关系的通知》第 1 条的规定，用人单位招用劳动者未订立书面劳动合同，但同时具备下列情形的，劳动关系成立：（1）用人单位和劳动者符合法律、法规规定的主体资格；（2）用人单位依法制定的各项劳动规章制度适用于劳动者，劳动者受用人单位的劳动管理，从事用人单位安排的有报酬的劳动；（3）劳动者提供的劳动是用人单位业务的组成部分。

如果主播是自然人且满足《确立劳动关系的通知》第 1 条的规定，则依据上述规定一般会被认定为与直播平台存在劳动关系；反之则构成劳务关系。

如在贺某与上海熊猫互娱文化有限公司劳动合同纠纷案［（2017）沪 02 民终 11631 号］中，法院认为，劳动关系具有人身关系和财产关系性质，是兼有平等关系和隶属关系特征的社会关系。劳动关系一经建立，劳动者应当听从用人单位的指挥，将劳动力的支配权交给用人单位，接受用人单位的管理，服从其工作时间、任务等安排，遵守其规章制度。根据贺某与上海熊猫互娱文化有限公司签订的《熊猫直播主播独家合作协议》协议内容和贺某的工作实际情况来看，贺某的工作时间、工作地点、工作内容均符合网络直播的行业特性。贺某与上海熊猫互娱文化有限公司之间的关系松散，其工作的形式及双方间利益分配的方式亦有别于普通劳动关系，故难以确认双方之间存在劳动法意义上的劳动关系。

2. 主播以设立市场主体名义进行直播

如果主播是以其设立的相关市场主体（如个体工商户、个人独资企业、合伙企业等)名义与直播平台达成合作协议,即使直播平台在相关合作协议中对主播提出管理、约束要求,仍不宜认定为具备劳动关系。

这是因为《确立劳动关系的通知》第1条第1项即明确,用人单位和劳动者需符合法律、法规规定的主体资格,但主播所设立市场主体并不满足《劳动法》等相关法律法规规定的劳动者的主体资格,因此与直播平台之间并不构成劳动关系而构成合作关系。

(二)不同法律关系下主播个人所得税如何缴纳?

1. 主播与直播平台之间为劳动关系

如果主播为自然人,且与直播平台之间具备《确立劳动关系的通知》第1条所规定的情形,则二者之间存在劳动关系,此时,主播所获得的底薪、用户打赏分成应当被认定为工资、薪金所得,适用3% ~45%超额累进税率,由直播平台作为扣缴义务人代扣代缴个人所得税。

2. 主播与直播平台之间为劳务关系

如果主播为自然人,与直播平台不构成劳动关系,仅是为直播平台提供劳务服务,则在该种情况下,主播所获得的底薪、用户打赏分成属于劳务报酬所得,依据《个人所得税法》的规定,主播所获得的底薪、打赏分成应当由直播平台预扣缴税款,后由主播办理汇算清缴。

3. 主播与直播平台之间为合作关系

若主播设立相关市场主体(如个体工商户、个人独资企业、合伙企业等),并以该市场主体的名义与直播平台签署相关协议,则与直播平台之间构成合作关系,此时主播所获收入属于个体工商户经营所得,适用5% ~35%超额累进税率,由主播自行申报纳税。

4. 直播平台仅作为第三方平台提供直播技术及交易撮合服务

如果直播平台仅作为第三方技术服务平台,为入驻的商家和主播提供直播技术服务及交易撮合服务,则此时直播平台作为代收代付方,并无扣缴义务,而是应由支付费用的商家作为扣缴义务人扣缴税款。

表 5-7 不同法律关系下主播个人所得税缴纳要点一览表

主播类型	法律关系	税目	扣缴义务人
自然人	劳动关系	工资、薪金所得	直播平台
	劳务关系	劳务报酬所得	直播平台
市场主体	平台服务关系	劳务报酬所得	直播平台入驻商家
	合作关系	经营所得	— （注：由主播自行纳税申报）

三、对直播平台的税务合规建议

（一）依法合规履行个人所得税扣缴义务

当直播平台与主播之间为劳动/劳务关系时，直播平台应当履行个人所得税代扣代缴义务，否则根据《税收征收管理法》的规定构成扣缴义务人应扣未扣、应收而不收税款，将由税务机关向纳税人追缴税款，对扣缴义务人处应扣未扣、应收未收税款50%以上3倍以下的罚款。

如若直播平台企业存在《税收征收管理法》所规定的采取伪造、变造、隐匿、擅自销毁帐簿、记帐凭证，或者在帐簿上多列支出或者不列、少列收入，或者经税务机关通知申报而拒不申报或者进行虚假的纳税申报，不缴或者少缴应纳税款的手段，不缴或者少缴已扣、已收税款，则将由税务机关追缴其不缴或者少缴的税款、滞纳金，并处不缴或者少缴的税款50%以上5倍以下的罚款；构成犯罪的，依法追究刑事责任。

上述处罚将影响直播平台的信用评级，对其融资、上市计划也将造成不利的影响。建议直播平台明确自身与主播之间的法律关系，在与主播签署的相关平台入驻协议或独家合作协议中明确双方的权利义务关系，明确主播是否接受直播平台的管理，服从其工作时间、任务等安排，以及遵守其规章制度。如构成劳动/劳务关系，直播平台应当依法履行个人所得税代扣代缴义务。

（二）将劳动/劳务关系转化为合作关系

如前文所述，当主播与直播平台构成劳动/劳务关系时，直播平台负有扣缴义务；当主播成立相关市场主体，与直播平台构成合作关系时，其收入为个体工商户的经营所得，从而可以适用较低的税率（5%～35%），直播平台也无须承担个人所得税扣缴义务。目前确有不少直播平台开始尝试协助主播设立相关市场主体，如腾讯 Now 直播推出的个体工商户主播计划，虎牙直播也曾推出“主播合伙企业计划”。

因此，笔者建议，直播平台可以协助优质的头部或中腰部主播设立市场主体，将与主播之间的劳动/劳务关系实质转化为合作关系。市场主体的设立地点选择可以结合国内各省市出台的相关税收优惠政策，但建议直播平台进行谨慎评估，以防地方税收政策不稳定而导致补缴税款等相关税务风险。

四、结语

直播平台与主播之间的法律关系，是主播个人所得税事宜处理的判定基础。如二者之间为劳动关系，则主播所获收入应被认定为工资、薪金所得，适用3%～45%超额累进税率，由直播平台作为扣缴义务人代扣代缴个人所得税；如为劳务关系，则应认定为劳务报酬所得，由直播平台预扣缴税款，后由主播进行汇算清缴；如为合作关系，则属于个体工商户经营所得，适用5%～35%超额累进税率，由主播自行申报纳税；如直播平台仅作为第三方技术平台，为入驻的商家和主播提供直播技术服务及交易撮合服务，则此时直播平台并无扣缴义务，而是应由支付费用的商家作为扣缴义务人扣缴税款。

基于此，直播平台应当依据与主播之间的法律关系，按照法律规定履行个人所得税扣缴义务（如有），且可考虑协助平台主播取得相关市场主体身份，以市场经营主体的身份，将原有劳动/劳务关系转化为实质的平等合作关系，依法合规申报纳税。

所以，通过上述分析，我们可以看到，在直播生态中，存在主播、MCN 和直播平台三者之间的互动法律关系：一部分主播与 MCN 机构直接建立法律关系（包括劳动/劳务关系、合作关系），然后直播平台与 MCN 机构再确立合作关系（但是在直播平台的分配规则上，会直接体现 MCN 和直播两个分账主体）；另一部分主播不与 MCN 机构建立合作关系，而直接与直播平台建立法律关系。这两种形态，笔者通过上文的分析，明晰了三者之间各自的法律关系，同时给予主播纳税义务中的合规建议，以及在构建灵工法律关系中应当具备的合规要素。

第四节　电竞俱乐部与电竞选手的法律关系

如今电子竞技越来越被大众所熟悉,2020 年上半年中国电子竞技用户规模达4.84 亿人,同比增长 9.94%①。电子竞技行业的火爆让诸多电竞俱乐部和职业选手进入大众视野,“电子竞技员”也成为国家“新职业”。

然而,在电竞市场蓬勃的表象下,电竞选手与其俱乐部的合约纠纷时有发生,如国内电竞直播违约第一案,电竞选手韦神就因恶意跳槽被判定为构成根本违约,判赔斗鱼平台 8522 万元。这些争议让我们看到电竞行业高速发展的同时需要更多关注行业内容主体之间的合规法律关系。

电子竞技行业由于其职业特殊性,大多数电竞选手均为未成年人,其在心智、社会阅历不足时遇到诸如劳资纠纷、合约纠纷等问题时缺乏妥善处理的能力,而电竞俱乐部和电竞直播平台也缺乏处理相关问题的经验。然而,电竞行业的良性发展需要电竞俱乐部和电竞选手之间在合规范畴内共同努力。有鉴于此,我们聚焦电竞行业各主体之间法律关系定性及其自身运营发展中存在的法律风险点,通过案例分析和相关法律法规、扶持政策梳理,从灵活用工和税务合规的角度为电竞俱乐部和电竞直播平台提供合规建议,促进电竞行业有序发展。

一、电竞行业概况

自 1998 年第一批电竞游戏进入中国以来,电竞行业的发展经历了 1998 年至 2008 年的探索期,2009 年至 2013 年的发展期,2013 年至 2016 年的平台期,

① 数据来源:2020 年 1 ~6 月《中国游戏产业报告》。

最终到达 2017 年以来的爆发期。根据艾瑞咨询发布的《2020 年中国电竞行业研究报告》,2019 年电竞整体市场规模突破 1000 亿元,预计在 2021 年将突破 1800 亿元。

目前我国正在运营的电子竞技战队(含俱乐部)多达 5000 余家,电子竞技职业选手约 10 万人,还有大批量半职业、业余电子竞技选手活跃在各种中小规模电子竞技赛事的赛场上。同时,大量电子竞技员在各个电竞俱乐部和电竞陪练平台从事电子竞技教练、电竞数据分析以及电竞项目陪练等相关工作。

当前电子竞技员的整体从业规模超过 50 万人,遍布在全国的一、二、三线等众多城市,北京、上海、江苏、西安、广州、成都、重庆等地为从业人员高密度聚集区。另外,山东、浙江、安徽、湖南、辽宁等地的电竞小镇建设也带动了周边省市的电子竞技就业市场发展。

二、电竞俱乐部与电竞选手法律关系认定案件的要点梳理

针对电竞俱乐部与电竞选手法律关系的认定,我们通过中国裁判文书网等网站,检索电竞俱乐部与电竞选手法律关系认定案件后发现,当前部分法院会根据是否存在从属关系、是否受规章制度管理及双方权利义务等因素判断二者之间是否构成事实劳动关系、合作关系或委托关系等单一法律关系,亦有部分法院认为二者之间是集委托、居间、行纪等多重法律关系一身。对此,笔者梳理、总结司法裁判要点如下:

表 5－8 电竞俱乐部与电竞选手间法律关系认定司法裁判要点梳理表

序号	项目	内容
1	玉溪合宜文化发展有限公司与吴某某合同纠纷案【(2018)云 0402 民初 4024 号】	
1－1	判决要点	玉溪合宜文化发展有限公司与吴某某之间签署的合同性质不属于劳动合同或劳务合同关系

续表

序号	项目	内容
1－2	基本案情	1. 2018 年 4 月 28 日，被告与原告签订了《战队及选手有关电子竞技之合作合同》，该合同约定被告加入原告所属的电子竞技职业俱乐部，作为俱乐部专属选手，以俱乐部名义参加国内外各类电子竞技比赛。 2. 合同期间，被告的电子竞技活动、宣传活动等由原告安排和决定，被告应当履行未经原告事前书面许可，不得自行或为任何第三方进行电子竞技活动，不得与任何第三方签订与电子竞技活动相关的合同，不得擅自离队等义务。同时，该合同也对双方的权利义务、合同的解除及合同终止、费用负担、违约责任、争议管辖等方面进行了详细约定。
1－3	法院认定	1. 原、被告签订的《战队及选手有关电子竞技之合作合同》，是双方的真实意思表示，并不违反法律法规的禁止性规定，该合同合法有效，双方均应按合同约定履行各自的义务。 2. 该合同是集多重法律关系而形成的综合合同，双方之间形成的合同关系主要是合作关系，并不是单纯劳务关系。因此，被告主张该合同性质为劳动合同或劳务合同关系的答辩意见不成立，不予采纳。
2	上海歌域网络科技有限公司与罗某其他合同纠纷案【（2018）沪 0118 民初 1501 号】	
2－1	判决要点	上海歌域网络科技有限公司与罗某签订的电竞人员经纪合同系双方当事人的真实意思表示，并不违反有关法律法规的禁止性规定，应为合法有效，罗某以实际行动表明其不再履行与上海歌域网络科技有限公司的经纪合同构成根本违约。
2－2	基本案情	1. 2017 年 2 月 9 日，原、被告签订电竞人员经纪合同。该合同注明，原告系从事互联网电子竞技及文化传播的机构，被告拥有电子竞技特长，有志于在电子竞技上发展成为一名职业电竞选手，为使被告可以更好地在电竞道路上发展，双方签订该协议。 2. 协议主要内容： （1）双方合作内容：被告作为原告签约电子竞技选手，委托原告在全球范围内担任其独家排他性的电子竞技经纪代理人，在合同期间由原告独家代理被告涉及电子竞技的活动，包括但不限于电子竞技赛事安排、在线视频演艺等相关领域商业活动；双方合作项目包括但不限于在电子竞技范围中的被告个人的形象、姓名、肖像、作品、互联网直播及线上线下商业广告等业务，以及对属于被告的直播表演权、肖像权、著作权及其相邻权等派生的各种权益的使用和许可使用独家经纪代理；双方为委托代理关系，不构成劳动合同关系。

续表

序号	项目	内容
		(2)收益分配:原告承诺每月以货币形式支付被告费用3000元,于次月15日前完成支付;未经原告书面同意,被告不得私自与直播平台签约直播,需在原告合作的平台进行直播,直播所获得的礼物收益,发放给队员50%作为直播服务费,另外50%归原告所有;被告及其他选手参加腾讯官方组织的王者荣耀职业联赛等赛事,对所获得赛事奖金总额的80%发放给队员,其余20%归原告所有。 (3)双方的权利义务:原告有权在本合同规定范围内的所有业务合作方面,全权独立进行有关安排、规划和实施,并获得相应收益,合同期内对于被告电竞赛事及直播演艺活动的安排,原告具有最终决策权;在原告安排与任意第三方发生冲突的情况下,被告必须优先服从原告的演艺活动安排;原告应为被告开展电竞业务活动提供必要的支持,如入住原告基地训练和比赛期间,在日常生活上的帮助及电竞赛事的训练等;原告为保障被告有效实施原告的经纪安排,将提供相应配套服务和有关服务人员;被告应当遵守原告为实施本合同而制定的各项规定和规划安排。 3. 合同签订后,被告于2017年3月2日离开原告公司,进入其他竞技公司,以实际行动表明其不再履行与原告的经纪合同。被告认为原告违约在先,但被告提供的证据难以证明该事实。
2-3	法院认定	原、被告签订的电竞人员经纪合同系双方当事人的真实意思表示,并不违反有关法律法规的禁止性规定,应为合法有效,双方均应按合同约定履行各自的义务。被告于2017年3月2日离开原告公司,进入其他竞技公司,以实际行动表明其不再履行与原告的经纪合同。被告认为原告违约在先,但被告提供的证据难以证明该事实。故认定被告行为已构成根本违约,应承担相应的违约责任。
3	南阳威七文化传媒有限公司与程某劳动争议案【(2019)豫1303民初5654号】	
3-1	判决要点	南阳威七文化传媒有限公司与程某之间构成事实劳动关系

续表

<table>
<tr><th>序号</th><th>项目</th><th colspan="2">内容</th></tr>
<tr><td>3－2</td><td>基本案情</td><td colspan="2">1. 2018 年 7 月 25 日，原告和被告签订了《V7 电子竞技选手经纪合同》，并在同一日与被告下属的 Viruses7 电子竞技俱乐部签订了《选手服务合同》。
2. 在《V7 电子竞技选手经纪合同》中双方约定有“乙方自愿遵守甲方的各项管理制度”“乙方在活动中或者之外的行为，违反了本合同的规定，包括但不限于严重损害自己的口碑以及形象的行为、严重损害甲方或者甲方合作的第三方的名誉的行为，以及工作态度不够敬业、积极，迟到、早退、缺席、犯错等，或因伤病无法完全履行本合同约定义务时，甲方有权视其情况分别采取指正与警告、暂停或者减少支付报酬，中止履行本合同、解除本合同等行动以维护甲方合法权益。对此乙方予以同意”和“乙方应自觉遵守各项规章制度，乙方应按时、积极参加甲方安排、组织的电子竞技训练，努力完成规定的电子竞技训练、比赛任务。除甲方另有特殊安排的情况外，乙方具体训练时间为每周一至周六，每天上班时间为 13:00～22:00，期间乙方可视情况弹性休息，根据电子竞技比赛需要，训练时间也可以相应调整”等条款。
3. 在《选手服务合同》附录中，双方约定有“每年比赛税后工资 60000 元（人民币），每月支付一次，其中包括，PUBG 官方规定的参赛选手最低报酬 5000 元”“当月工资在次月 1～5 日时支付”等条款。原告进入被告处工作后，被告未给原告缴纳各项社会保险。</td></tr>
<tr><td>3－3</td><td>法院认定</td><td>劳动人事争议仲裁委员会</td><td>1. 根据双方所签订《V7 电子竞技选手经纪合同》以及申请人与被申请人下属俱乐部签订的《选手服务合同》所约定内容，申请人和被申请人之间具有明显的从属性，这种从属性不仅体现在申请人的工作过程中，还体现在申请人对被申请人日常管理制度遵守上，根据合同约定，申请人必须遵守被申请人的相关管理制度，服从日常训练及参赛安排，否则将受到相应的处罚。
2. 被申请人为了参加相关比赛专门成立了 Viruses7 电子竞技俱乐部，而申请人从事的工作正是被申请人开展该项业务的重要组成部分，且申请人为被申请人提供的劳动为有偿劳动，双方在《选手服务合同》附录中也明确约定了报酬标准及付款方式和付款时间。
3. 根据《劳动和社会保障部关于确定劳动关系有关事项的通知》“用人单位招用劳动者未订立书面劳动合同，但同时具备下列情形的，劳动关系成立：（一）用人单位和劳动者符合法律法规规定的主体资格；（二）用人单位依法制定的各项劳动规章制度适用于劳动者，劳动者受用工单位管理，从事用人单位安排的有报酬的劳动；（三）劳动者提供的劳动是用人单位业务的组成部分”的规定。本委认为，本案中申请人和被申请人之间的关系符合上述情形，双方已形成事实劳动关系。</td></tr>
</table>

续表

<table>
<tr><th>序号</th><th>项目</th><th colspan="2">内容</th></tr>
<tr><td></td><td></td><td>法院</td><td>程某虽未与威七文化公司签订书面劳动合同,但存在事实上的劳动合同关系:
1. 威七文化公司与程某均符合法律、法规规定主体资格;
2. 程某在威七文化公司工作期间受公司劳动规章制度的约束和管理;
3. 威七文化公司分别于2018年9月18日,通过网名为江江的微信账号转给程某1980元;2018年9月21日,通过网名为杨十七的微信账号转给程某2000元;2018年11月19日,通过网名为江江的微信转给程某2000元;2018年12月18日,通过网名为江江的微信转给程某2000元(300元、1700元);2019年1月18日,通过网名为梓峰@的微信转给程某1900元;威七文化公司在以上5次给程某所转款项集中在1900~2000元之间,转款时间大致在每月20日左右,威七文化公司称该资金是生活补助,明显不符合常理,所以该资金可以认定为威七文化公司支付给程某的工资报酬;
4. 程某所做的具体工作属于威七文化公司业务组成部分。</td></tr>
<tr><td>4</td><td colspan="3">叶某某诉上海英恰文化传媒有限公司演出合同纠纷案【(2017)沪01民终5638号】</td></tr>
<tr><td>4-1</td><td>判决要点</td><td colspan="2">叶某某与上海英恰文化传媒有限公司(以下简称英恰公司)签署的合同具备委托合同的主要特征,也同时具有劳动合同、行纪合同和居间合同等其他合同特征,故认定属于包含多种权利义务关系的综合性合同。</td></tr>
<tr><td>4-2</td><td>基本案情</td><td colspan="2">1. 2015年8月6日,英恰公司(甲方)与叶某某(乙方)签订了《演艺事业经纪合同》,合同主要内容为:
(1)甲方是由安杰参与实际投资人筹办的从事电子竞技相关演艺活动的企业,乙方诚意委托甲方作为其演艺事业的全球地区独任经纪人;乙方作为甲方的专属艺人,在全球范围内从事的所有演艺活动必须由甲方作为乙方的唯一经纪人以及商务代表,并服从甲方作出的有关安排和决定来处理演艺工作相关的事项。
(2)作为乙方全权委托的唯一经纪人,甲方有权代表乙方与任何第三方处理任何与乙方演艺活动相关的事宜;合同所称"演艺活动"包括但不限于下列事项:由乙方出镜、出声、冠名或其他方式参与的各种表演、广告(包括但不限于平面广告、电视广告)、商务活动、促销活动、推广活动、品牌代言、产品代言、公司代言、摄影作品(包括但不限于摄影集、写真集)、电影、电视剧、微电影、舞台剧、歌剧、网剧、播音剧、微剧、舞台表演、时装表演、电视节目、广播节目、音像制品、音乐电视、语言旁白、配音、节目主持(包括电视媒体、网络媒体)、各类活动主持、演唱会、网络音频、视屏、电子杂志、小说等一切有关形象、声音、歌唱、舞</td></tr>
</table>

续表

序号	项目	内容
		蹈的活动以及一切有关著作权、肖像权、邻接权的产生利用转让权。 (3)乙方承诺事项:就本合同的履行,乙方承诺:服从甲方作出的业务决定,不得就合同演艺事业与第三方进行洽谈;不得擅自参加任何未经甲方书面同意的演艺活动;必须遵守甲方制定和安排的演出档期、演出时间、工作日程以及其他安排,并保证按时出演甲方为其安排的各类演艺活动,并参加与此相关的培训/宣传等相关活动;及时向甲方提供任何第三方单独与乙方联系演艺活动的信息,等等。 (4)收益分配:乙方报酬分为基础报酬和演艺经纪利益分配部分,鉴于乙方将从事的演艺事业以电子竞技相关为主,甲方为此将投入大量的培训/宣传/经纪服务等成本,并维持乙方每月基础报酬,因此,各方同意就合约期内所取得的全部收入自2015年8月10日起,甲方保留65%作为佣金,剩余35%作为乙方利益分配所得,乙方自行负责个人所得税。上述利益分配部分的支付,应当以演艺活动终止且收入实际到账为前提,乙方同意在甲方完成账目审核前保留业务收入,但利益分配最迟不应超过收入到账后的30个工作日。 (5)合同解除:在合同有效期内,乙方不得单方提出解除本合同,否则乙方应向甲方支付违约金为乙方上一自然年收入总额的4倍,乙方上一自然年收入总额的4倍不足人民币100万元的,按人民币100万元计算。但是,甲方损失(包括但不限于预期可获得利益、已签署合同未收款、乙方离职后2年内可获得利益等)超过人民币100万元时应以甲方损失为准,且由此支出的一切费用(包括但不限于诉讼费、财产保全费、律师费、公证费等)亦应由乙方承担。 (6)其他:合同各方当事人均认可:待甲方合资筹办公司具备运营资质之日起,本合同中甲方权利义务将转由新筹办公司继承,届时各方将配合重新签署合同。同时,为使乙方在演艺事业上取得发展和进步,甲方有权将本合同中其权利义务部分或全部转让给第三方。 2. 在合同签订前,叶某某与英恰公司旗下另外6名艺人已组成iGirls战队,并于2015年5月起至2016年1月参加十几场电竞邀请赛、电子竞技嘉年华及粉丝见面会等商业活动。2016年1月20日叶某某在其个人微博发布“我正式从iGirls退役”的微博。2016年1月22日,英恰公司随即发出《公司声明》,声明:iGirls队员及任何第三方应立即停止一切可能对iGirls或公司声誉造成影响的信息发布和转发行为,iGirls全体队员应于2016年1月25日上午11时30分前回公司报到并开展正常训练及宣传活动,公司不认可任何队员的单方面离队,如有队员拒不改正,公司在对其采取停薪留职措施的同时,将授权律师采取包括民事诉讼、申请财产保全、限制出境在内的法律措施以维护公司的合法权益。之后,叶某某并未按时回英恰公司报到。

续表

序号	项目	内容
4－3	法院认定	1.《演艺事业经纪合同》系双方的真实意思表示，合法有效，双方均应依照合同约定履行各自的义务。至于该合同的性质，鉴于演艺经纪合同既涉及代理艺人对外沟通交涉的内容，又存在为艺人进行包装宣传的要求，还具有一定的内部管理职能，存在较强的特殊性和行业特征；其不仅具备委托合同的主要特征，也同时具有劳动合同、行纪合同和居间合同等其他合同特征，故一审法院认定该合同属于包含多种权利义务关系的综合性合同。 2. 叶某某为英恰公司的签约艺人，其从事的演艺事业以电子竞技为主，且参与活动是以 iGirls 战队名义进行的，而英恰公司在系争合同签订前后已多次安排 iGirls 战队参与电竞邀请赛、电子竞技嘉年华及粉丝见面会等商业活动；且自 iGirls 战队成立至叶某某微博发布退役声明期间，英恰公司按约向叶某某支付每月工资报酬，已经基本履行了合同项下的主要义务。双方签订的合同性质上亦不属于单纯的委托合同，故对于叶某某行使法定解除权和任意解除权以解除合同的意见，缺乏依据，不予采纳。 3. 对于叶某某提出英恰公司在 2016 年 2 月 9 日前，不具备演艺经纪相关资质，构成违约的主张，因为在系争合同的其他项目条款中，叶某某对于英恰公司在合同签订时，尚未取得营业性演出许可证的事实是明知的，且与双方矛盾产生无关，故该主张不予采信。 4. 本院认为，叶某某主张本案《演艺事业经纪合同》属于单方面的授权委托合同或者劳动合同，但纵观合同内容，《演艺事业经纪合同》并不仅仅涉及委托法律关系，双方还就演艺活动范围、知识产权、艺人报酬等内容作了明确约定，二审中英恰公司确认没有为叶某某缴纳社会保险，叶某某也未能提供证据证实双方间另有劳动合同存在，故该合同性质不能简单定义为委托合同或劳动合同。叶某某关于其享有法律规定的任意解除权的主张，缺乏依据，本院不予采纳。

三、电竞俱乐部与电竞选手法律关系分析及合规建议

从上文案件梳理与总结中可以看出，电竞俱乐部与电竞选手之间的合同类型及名称包括劳动合同、演艺经纪服务合同等，在法律关系定性上，则存在构成劳动关系、劳务关系、委托/居间/行纪等关系的可能性。然而，所签署合同类型与法律关系之间并非完全是一一对应的关系，即使在电竞俱乐部与电竞选手签

署服务协议而非劳动合同的情况下，仍存在被认定为构成事实劳动合同关系的法律风险。

（一）劳动关系的认定要素及合规建议

如电竞俱乐部直接与电竞选手签署劳动合同，意味着双方作为劳动者和用人单位形成劳动法律关系，二者之间产生的纠纷需受劳动法调整并由劳动仲裁委员会前置处理。

除此之外，部分电竞俱乐部与电竞选手签署的合同虽然未以劳动合同的形式签署，但在发生纠纷时，仍可能存在根据《确立劳动关系的通知》而被认定为构成事实劳动关系的风险，即电竞俱乐部与电竞选手虽未订立书面劳动合同但同时具备下列情形的，劳动关系成立：(1)用人单位和劳动者符合法律、法规规定的主体资格；(2)用人单位依法制定的各项劳动规章制度适用于劳动者，劳动者受用人单位的劳动管理，从事用人单位安排的有报酬的劳动；(3)劳动者提供的劳动是用人单位业务的组成部分。

毋庸置疑，电竞选手提供的工作属于俱乐部最根本的业务组成部分；但如果电竞选手还需遵守电竞俱乐部规定的各项规章制度、严格服从电竞俱乐部的管理，则在电竞选手与俱乐部之间合同约定不明的情况下，被认定为事实劳动关系的风险较大。

如界定为劳动关系，则电竞俱乐部与电竞选手二者之间构成管理、从属关系，电竞俱乐部或电竞直播平台需要根据《劳动法》《劳动合同法》等法律法规承担用人单位法定义务，而电竞选手则可相应享有社保、住房公积金及其他福利待遇。

（二）劳务关系的认定要素及合规建议

如果电竞俱乐部与电竞选手之间签署的合同中，虽一定程序上保留了电竞俱乐部对电竞选手的“弱管理”，但电竞俱乐部与电竞选手之间地位平等，双方权利义务对等，且不存在人身依附性，无劳动关系项下明显的人格从属性和经济从属性特征，则二者之间一般会被认为构成劳务关系。

如界定为劳务关系，两者之间则无人身隶属关系，电竞俱乐部或电竞直播平台除需承担代扣代缴的法定义务外，可自由与电竞选手约定彼此的权利义务内容。

（三）集劳务/委托/居间/行纪于一体的综合法律关系的认定要素及合规建议

从上文案例中可以看出，目前部分法院对于电竞俱乐部与电竞选手之间的合作合同，倾向于认定其为集多重法律关系而形成的综合合同，综合合同不仅具备委托合同的主要特征，也同时具有劳务合同、行纪合同和居间合同等其他合同特征。

如电竞俱乐部与电竞选手之间签署的合同中，没有体现电竞选手与电竞俱乐部的人身隶属关系，而是由电竞俱乐部为电竞选手提供比赛培训、商业资源、账号运作等方面的赋能服务，有权代表电竞选手与任何第三方处理任何与电竞选手相关的商业活动（如商业推广、品牌代言、影视作品摄制等）并约定知识产权归属及使用，并就所获收入与电竞选手进行分成，则一般会被法院认定为构成综合法律关系。

如界定为综合法律关系，电竞俱乐部则应避免在合同中因有类似"电竞选手必须遵守其相关管理规章制度，服从日常训练及参赛安排，否则将受到相应的处罚""底薪""工资""全勤奖"等表述而可能被认定为其与电竞选手存在人身隶属关系；同时亦应尽量避免表述为单一地为主播代理某些事项，避免使用"委托"等用词，以便被法院认定为二者之间构成单一委托合同关系，从而导致主播享有法定的任意解除权。若不可避免必须约定两者构成委托合同关系，则应约定清楚电竞选手行使任意解除权后赔偿的范围及金额。

综上所述，基于电竞俱乐部和电竞选手之间法律关系的多样性和多重性，而不同的法律关系又直接对应不同的个人所得税纳税方式，因此，下文笔者将从电竞选手的收入来源种类反观电竞俱乐部和电竞选手之间应当建立什么样的法律关系，以及如何与灵工平台结合构建合规解决方案。

第五节　电竞行业的灵工合规解决方案

前文我们分析了电竞选手及电竞俱乐部之间合规法律关系构建的类型，区分了两者之间在不同情形下可能构成的劳动关系、劳务关系和合作关系，不同的法律关系直接决定了电竞选手的个人所得税如何交纳，收入的合规纳税成为电竞俱乐部与电竞直播平台（以下简称电竞平台）的重要合规风控点。

电竞选手、电竞俱乐部和电竞平台三者之间的关系与我们前文分析的主播与MCN机构和直播平台之间的关系相似，三者构成了电竞行业的整个生态。

欧洲老牌劲旅FNC电子竞技俱乐部由于在2016年以及2017年没有缴纳员工工资税被瑞典税务局处以100万瑞典克朗的罚款并且瑞典行政法院裁定，FNC在偿清罚款以及偿还机构费用后，还应支付员工的缴款以及税款附加费[①]。由此可见，实务中存在大量电竞平台未给平台内电竞选手代扣代缴个人所得税而被追缴巨额税款的案例。所以，对此，本节从电竞俱乐部运营模式入手，针对电竞俱乐部与电竞直播平台与电竞选手之间个人所得税法律关系进行分析，并就电竞俱乐部与电竞直播平台税务合规提出灵活用工的合规解决方案。

一、电竞俱乐部运营模式

电竞俱乐部运营收入主要分为以下几种：(1)广告赞助（赞助商赞助收入）；(2)电商销售渠道（俱乐部及队员周边商品、衍生物销售收入）；(3)商务活动（队员商务代言等活动抽取经纪人佣金）；(4)比赛奖金（参赛所获奖金）；

① 《两年未支付员工税　FNC或面临巨额罚款》，载搜狐网2019年9月10日，https://www.sohu.com/a/340081216_120118829。

(5)转播权分成(与赛事举办方就赛事转播权进行分成)。

对于电竞选手而言,上述五种俱乐部收入中,电商销售渠道、商务活动及转播权分成一般由俱乐部收取,再按一定标准向电竞选手结算。对于广告赞助及比赛奖金,既有电竞选手直接获得广告赞助或比赛奖金的情况,也有由俱乐部统一收取再按标准分配结算的情况,不同情况下的税务处理略有不同,下文将进行详细分析。

二、电竞选手个人所得税怎么缴?

根据上文分析,电竞选手个人收入主要分为取得的境内境外比赛奖金、获得的电竞平台方发放的所得以及代言产品的广告费用三个部分。

(一)奖金收入

对于取得的境内境外比赛奖金,按照偶然所得项目适用20%的税率。

境内境外比赛奖金在按照偶然所得项目适用20%的税率上并无差异,但根据《个人所得税法》第7条①,电竞选手获得的境外比赛奖金,已在境外缴纳个人所得税的,可以抵免境内应缴纳的个人所得税。

对于比赛奖金而言,在由比赛组织方直接支付奖金给电竞选手个人的情况下,也应由比赛组织方履行代扣代缴义务,此时电竞平台方不承担代扣代缴义务②。

(二)产品代言收入

对于代言产品的广告费用,按照特许权使用费所得适用3% ~45%的税率。

对于广告代言费用而言,在由广告商直接支付广告代言费用给电竞选手个

---

① 《个人所得税法》第7条:居民个人从中国境外取得的所得,可以从其应纳税额中抵免已在境外缴纳的个人所得税税额,但抵免额不得超过该纳税人境外所得依照本法规定计算的应纳税额。

② 《个人所得税法》第9条第1款:个人所得税以所得人为纳税人,以支付所得的单位或者个人为扣缴义务人。

人的情况,也应由广告商履行代扣代缴义务,此时电竞平台方不承担代扣代缴义务。

(三)电竞平台发放收入

对于获得的电竞平台方发放收入按照电竞平台与电竞选手之间法律关系的不同有不同税务处理方式。电竞平台方是否应当为电竞选手扣缴个人所得税,取决于电竞平台方与电竞选手之间的法律关系。

根据上文的分析,电竞选手与电竞平台方之间的法律关系主要为劳动关系、劳务关系以及商业合作关系。下文将分三种情况讨论在两者不同的法律关系下个人所得税缴纳的差异。

1. 电竞选手和电竞平台方之间为劳动关系

电竞选手为自然人,且与电竞平台方之间具备《确立劳动关系的通知》第1条所规定的情形[①],则二者之间存在劳动关系,此时,电竞选手获得的平台发放收入应当被认定为工资、薪金所得,适用3%～45%超额累进税率,由电竞平台方作为扣缴义务人,应为电竞选手代扣代缴个人所得税。

2. 电竞选手与电竞平台方之间为劳务关系

若电竞选手与电竞平台方不构成劳动关系,仅是为电竞平台提供劳务服务,则在该种情况下,电竞选手获得的平台方发放收入属于劳务报酬所得[②],3%～45%超额累进税率。依据《个人所得税法》的规定,电竞选手获得的平台方发放收入应当由电竞平台方作为扣缴义务人预扣预缴税款,后办理年度汇算清缴。

3. 电竞选手与电竞平台方之间为合作关系

若电竞选手通过设立相关市场主体(如个体工商户、个人独资企业、合伙

---

① 《确立劳动关系的通知》:一、用人单位招用劳动者未订立书面劳动合同,但同时具备下列情形的,劳动关系成立:(一)用人单位和劳动者符合法律、法规规定的主体资格;(二)用人单位依法制定的各项劳动规章制度适用于劳动者,劳动者受用人单位的劳动管理,从事用人单位安排的有报酬的劳动;(三)劳动者提供的劳动是用人单位业务的组成部分。

② 劳务报酬低于4000元的,应纳税所得额按收入减除800元后的数值来计算,对于4000元以上的,应纳税所得额按收入减除收入的20%后的数值计算。

企业等),并通过该市场主体与电竞平台方签订合作协议,则电竞选手与电竞平台之间构成合作关系,此时电竞选手获得的平台方发放收入由电竞选手以该市场主体名义自行申报纳税。

三、电竞俱乐部或电竞直播平台税务合规建议及灵工合规解决方案

(一)依法合规履行个人所得税代扣代缴义务

当电竞俱乐部或电竞直播平台与电竞选手之间只能建立劳动/劳务关系,未履行其对电竞选手个人所得税的代扣代缴义务时,主管税务机关将向纳税人追缴税款,对扣缴义务人处应扣未扣、应收未收税款50%以上3倍以下的罚款。[①] 如若直播平台企业存在《税收征收管理法》所规定的采取伪造、变造、隐匿、擅自销毁账簿或记账凭证,或者在账簿上多列支出或者不列、少列收入,或者经税务机关通知申报而拒不申报或者进行虚假的纳税申报,不缴或者少缴应纳税款的手段,不缴或者少缴已扣、已收税款,则将由税务机关追缴其不缴或者少缴的税款、滞纳金,并处不缴或者少缴的税款50%以上5倍以下的罚款;构成犯罪的,依法追究刑事责任。

因此,笔者建议,电竞平台明确自身与电竞选手之间的法律关系,在与电竞选手签署的相关协议明确双方的权利义务关系,明确电竞选手是否接受其管理,服从其工作时间、任务等安排,并需要遵守其规章制度。在劳动关系或劳务关系下,电竞俱乐部或电竞直播平台应当依法履行个人所得税代扣代缴义务,以免对于企业信用评级产生不利影响,从而影响企业后续的融资及上市计划。

(二)将劳动/劳务关系转变为合作关系

正如上文对于电竞选手与电竞平台方之间法律关系的分析一致,商业合作关系下,电竞平台方与电竞选手间不存在人身隶属关系,亦不存在代扣代缴义

---

① 《税收征收管理法》第69条:扣缴义务人应扣未扣、应收而不收税款的,由税务机关向纳税人追缴税款,对扣缴义务人处应扣未扣、应收未收税款百分之五十以上三倍以下的罚款。

务。因此，对于此类商业关系，笔者认为，电竞俱乐部或电竞直播平台可以将电竞选手之间的劳动/劳务关系转化为平等主体之间的商业合作关系。电竞平台可以协助优质电竞选手设立市场主体，取得市场主体身份，将与电竞选手之间的劳动/劳务关系转变为平等合作关系。基于此合作关系，灵工平台合规解决方案可以发挥其优势。

第六节 即配行业的灵工合规解决方案

灵工人员最典型的代表就是我们身边的“快递小哥”(全称:即时配送行业中的网络配送员)。据不完全统计,2020 年网络配送员超过 1000 万人。配送员与互联网平台之间究竟构成何种法律关系,成为摆在监管部门面前的一大难题。

为规范新就业形态下餐饮网约配送员(以下简称外卖骑手)的劳动用工,保障其合法劳动权益,南京市人力资源和社会保障局、南京市市场监督管理局、南京市司法局、南京市公安局四部门结合互联网平台经济运营模式和灵活就业特点,出台《关于规范新就业形态下餐饮网约配送员劳动用工的指导意见(试行)》(以下简称《指导意见》),该指导意见于 2021 年 5 月 1 日起试行。

《指导意见》虽仅为地方政府部门规范性文件,从效力层级来说比较低,但文件一出台,却在即时配送行业引起不小的波澜。虽说《指导意见》适用范围局限于南京市,但却是专门针对即配行业灵活用工合规的法律文件,对即时配送行业下各主体之间的法律关系进行了明确。

一、《指导意见》主要内容梳理及分析

系统性地梳理《指导意见》,其基本是根据即时配送行业现状,针对平台企业、配送合作商、劳务外包企业及“专送骑手”与“众包骑手”等主体进行了定义:

表 5－9 《指导意见》针对即时配送行业相关主体定义界定表

名词	定义
专送骑手	是平台企业将一定区域内的餐饮配送业务以商业合作的形式外包给配送合作商,由配送合作商对其进行管理的外卖骑手
众包骑手	平台企业(或与其合作的劳务外包企业)以自由自愿的形式外包给非特定的自然人,由自然人在移动终端上注册 App 并获得通过后上岗的外卖骑手
平台企业	移动互联网平台企业
配送合作商	配送企业
劳务外包企业	与平台企业合作的劳务企业

由表 5－9 可知,《指导意见》提及的外卖骑手均限定为“自然人”,而配送合作商也限定为“企业”,这就将个体工商户这一特殊的市场主体排除在外。然而,在灵活用工个体工商户模式下,平台企业或配送合作商通过灵工平台将配送业务转包给外卖骑手注册成立的个体工商户,此时以个体工商户名义从事配送服务的外卖骑手,则将无法纳入《指导意见》所界定的“专送骑手”或“众包骑手”范围之内。由此看来,《指导意见》与即时配送领域内的用工现状仍存在部分脱节,还有待进一步修订补充。

除定义界定外,《指导意见》就各方之间的法律关系亦进行了明确,即专送骑手项下,配送合作商与骑手之间构成劳动关系(全日制及非全日制)或实际用工关系(劳务派遣);在众包骑手项下,平台企业与骑手之间原则上构成灵活用工关系,但也不排除构成事实劳动关系的可能性。具体如图 5－1 所示:

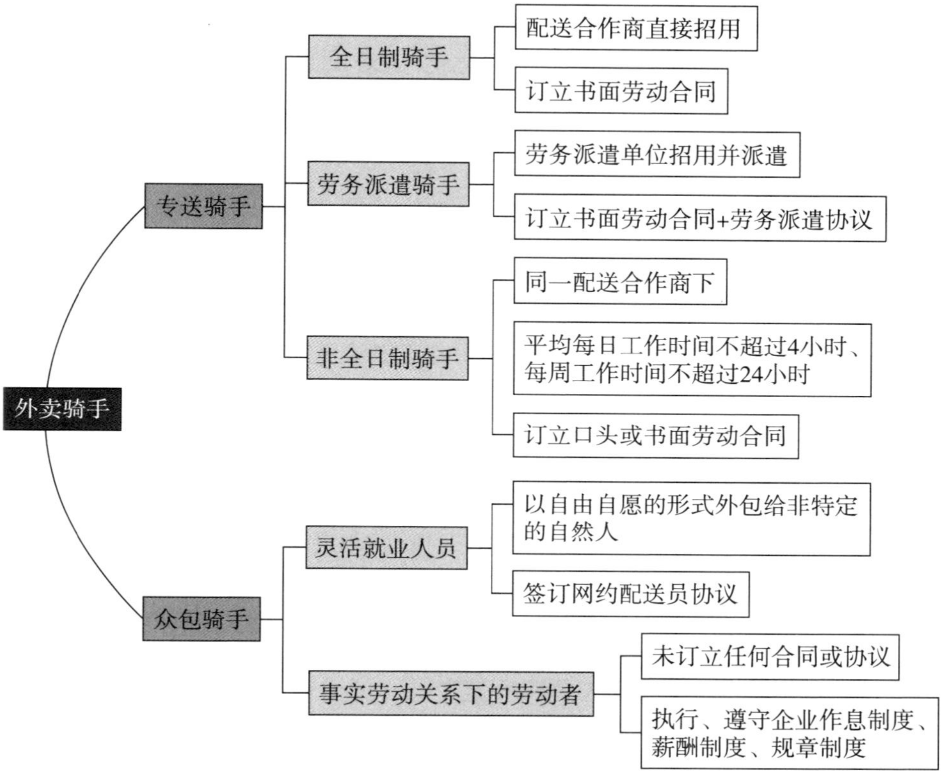

图 5 - 1 《指导意见》项下各方法律关系梳理图

由图 5 - 1 可知，判断外卖骑手与配送合作商或平台企业之间的法律关系，可以简单提炼为以下两个公式：

公式一：配送合作商 + 对骑手进行管理 = 专送骑手 = 劳动关系

公式二：平台企业 + 以自由自愿的形式外包给非特定的自然人 = 众包骑手 = 灵活用工关系/事实劳动关系

由此可见，《指导意见》对于法律关系的界定，某种程度上也构成对《确立劳动关系的通知》的挑战。对于"专送骑手"，《指导意见》并未完全遵循、对照

《确立劳动关系的通知》规定的三个标准①一一进行阐释，而是直接根据公式一简单得出外卖骑手与配送合作商之间构成“劳动关系”的结论；对于“众包骑手”，《指导意见》也是在原则上认定为外卖骑手与平台企业之间构成灵活用工关系之后，将《确立劳动关系的通知》作为例外情形予以规定。这实际是在很大程度上增加了配送合作商的用工责任，而为美团、饿了么等所谓“平台企业”松了绑。

根据上述两个公式，《指导意见》本质上是将平台企业应当承担的用工责任下沉转嫁至配送合作商，导致配送合作商不堪重负。然而，上有政策、下有对策，即便有《指导意见》的强制规定，也无法实际解决底层的用工矛盾，反而会造成获益主体不是需要被保护的外卖骑手，而是因此“名正言顺”减轻用工责任的平台企业这一怪象。因此，无论是从用工保障还是从社会效益来看，目前《指导意见》的规定并未最终实现保护外卖骑手权益的立法目的，也不利于即时配送行业生态的健康发展。

二、即时配送行业内用工关系界定

其实，通过上文对《指导意见》的梳理与总结，笔者发现：

对于涉及专送业务的配送合作商和灵活用工平台而言，若想要不被“一刀切”地认定为与骑手之间构成劳动关系，则可以考虑在接包平台企业的即时配送业务时，作为“二级平台企业”，通过自建即时配送业务平台，向非特定的自然人进行众包；同时在管理手段上予以变革，改变原先劳动关系项下的强人身属性管理模式，而是更多地参与到业务实际开展与交付中，承担起业务承包与转包的实际功能。

由此，配送合作商和灵工平台则可满足第二个公式，根据等式得出“构成

① 《确立劳动关系的通知》：一、用人单位招用劳动者未订立书面劳动合同，但同时具备下列情形的，劳动关系成立：（一）用人单位和劳动者符合法律、法规规定的主体资格；（二）用人单位依法制定的各项劳动规章制度适用于劳动者，劳动者受用人单位的劳动管理，从事用人单位安排的有报酬的劳动；（三）劳动者提供的劳动是用人单位业务的组成部分。

灵活用工关系”的法律关系界定。即解法 = 配送合作商/灵工平台升级为平台企业 + 管理模式的灵活化。

三、结语

综观《指导意见》可以发现：

对于监管机构而言，其最初的立法目的并未能与最终实践效果相匹配，甚至落后于行业发展现状及发展趋势。除未能有效保障外卖骑手的权益外，也未能顺应配送合作商转变、融合为灵工平台的趋势，对于即时配送行业内各主体的区分也过于僵硬。

对于平台企业而言，虽然能够在短期之间“解套松绑”，但从长远来看，未必是一件好事。如果底层用工矛盾没有得到有效解决，最终必将会导致“引火烧身”。

对于配送服务商或灵工平台而言，是挑战也是机遇。挑战是对于用工模式现状的短暂压力。《指导意见》将现行即时配送行业下的用工模式及关系界定予以了固化，人为地将专送业务划入了劳动关系领域，将平台企业的用工责任下沉，这对于涉猎专送业务的配送合作商和灵工平台而言，是个不小的挑战。机遇则是指对于未来用工模式变革的巨大冲击。目前，平台经济发展迅猛，如果配送合作商仍固守自己的“一亩三分地”，仰行业巨头之鼻息，不作出向自营平台企业的升级转型；或灵工平台仍满足于“撮合结算”的基础功能，不向实质业务众包模式进行转变，则终将为此付出巨大的运营成本，甚至会被“后浪”替代。

对于外卖骑手而言，其用工权益是否能够得到相应保障，目前也无法根据《指导意见》得出肯定的结论。

因此，化解用工矛盾的关键还是在于实现灵工平台四大核心功能之“社会保障功能”，即解决以外卖骑手为代表的灵工人员的社会保障问题，基于可控成本，优化灵工人员的福利，使灵工人员安全指数及幸福指数增加。

对此，笔者认为，监管机构应当更多关注用工实质，制定真正有利于保障灵工人员权益的相关法律文件;平台企业应当勇于担当,尽快改变畸形的用工现状;配送合作商及灵活用工平台则应当把握合规机遇,及时利用平台技术手段升级转型,实现作为互联网平台的功能。

第七节 互联网医疗平台与医护人员的税法关系

互联网医疗平台发展的同时,医师在线问诊随之受到合规监管,这些互联网诊疗咨询平台是否具有合格的资质,如何开展与医师的合作,医师的收益以何种形式呈现,是本节重点梳理的部分,可以帮助理解目前医师在线问诊类型及主流互联网诊疗咨询平台的运营模式。

一、互联网在线诊疗咨询服务规范要点

首先,我们需要整体了解国家对于互联网在线诊疗咨询服务的法律规定。

2018 年 7 月,国家卫生健康委员会、国家中医药管理局发布《关于印发互联网诊疗管理办法(试行)等 3 个文件的通知》,分别就互联网诊疗、互联网医院以及远程医疗服务 3 个方面内容作了详细规定。

其中,《互联网诊疗管理办法(试行)》对“互联网诊疗”活动提出明确定义,对互联网诊疗活动进行准入制管理,明确医师、护士需具备执业资质、具备 3 年以上工作经验等要求,诊疗范围限定在常见病、慢性病复诊,且不得进行首诊,可开具电子处方。

《互联网医院管理办法(试行)》明确了互联网医院的两种设立形式,即作为实体医疗机构第二名称的互联网医院和依托实体医疗机构独立设置的互联网医院;并确立了互联网医院设立的基本标准,对执业医师、护士的资质、医疗责任保险及诊疗活动提出相应规范。

《远程医疗服务管理规范(试行)》则提出两种远程诊疗开展方式,并明确开展远程医疗服务的基本条件、服务流程及相关要求。

《医师法》《医师执业注册管理办法》《护士条例》《国家卫生健康委办公厅

关于开展"互联网+护理服务"试点工作的通知》等文件,则对医师和护士的执业资质申请、开展多点执业及提供"互联网+医疗"服务进行了相关规定,满足相关条件的医师及护士可以在多个医疗机构执业,提供在线诊疗或护理服务。

二、互联网诊疗咨询主流平台运营模式及医师个税处理路径

在梳理了法律法规层面的要求之后,笔者整理并比较了我国当前"互联网+医疗"领域的主流平台的运营模式。通过检索各大平台官网/App/小程序上发布的用户协议、服务协议、说明等内容,对现行各平台运营模式及入驻医师所得的个人所得税处理方式总结如下:

表5-10 各主流平台运营模式及入驻医师个人所得税处理方式整合表

序号	平台	运营模式	医师个税处理方式
1	微医	1. 在线问诊服务; 2. 咨询服务:健康咨询服务; 3. 体检报告解读服务:由三甲医师解读体检报告。	《微医服务协议》未涉及
2	丁香园	1. 互联网医院在线诊疗服务; 2. 入驻医师咨询服务。	《丁香医生用户协议》: 1. 将用户[包括但不限于提问者、回答者(医师)和浏览者]在平台上的收入(包括但不限于提问收入)表述为"劳务报酬所得"; 2. 约定"暂时采取用户个人自行申报并缴纳税款的形式执行,将随时根据税务部门的最新政策或指导意见,即时调整用户个人所得税税款缴纳问题的执行方式"。

续表

序号	平台	运营模式	医师个税处理方式
3	平安好医生	1. 家庭医师服务（自建医疗团队；同时与外部医师订立合约，为其提供线上咨询服务，收取咨询费的20%作为佣金）： （1）在线咨询：包括医疗咨询（专注于高血压、糖尿病、过敏症及肠胃炎等常见病和慢性病）及健康咨询（中医养生、减肥、个人护理及健身）； （2）二次诊疗服务：提供复诊服务。 2. 健康检查增值服务：医师解读报告并提供在线咨询。	1. 自建医师：平台与医师签署相关劳动合同，医师所得属于工资、薪金所得； 2. 外部医师：《“平安好医生”在线咨询服务协议》中未明确界定收入性质，仅约定由“平安好医生”代扣代缴个人所得税，相关税费由医师个人承担。
4	好大夫在线	1. 咨询服务：电话及网络咨询。 2. 私人医师：图文/电话问诊；给予线下挂号/住院指导和帮助。 3. 家庭医师：提供在线咨询、在线疾病管理、远程门诊。	《好大夫在线服务协议》未涉及
5	医联	医师多点执业，提供随诊业务、健康咨询、处方门诊等服务。	1.《医联互联网医院执业入门指南》中写明，多点执业期间所得收入为“执业工资”； 2. 经营所得：医联App的“税收说明”中写明医联会为用户在平台获得的收入扣除需缴纳税务金额，该部分税款由医联补贴，无须个人缴纳。同时引用《个体工商户个人所得税计税办法》第3条（“个体工商户包括从事个体生产、经营的个人”）作为政策依据。
6	阿里健康	1. 复诊开方服务：多地执业医师入驻提供复诊、开方服务； 2. 远程诊疗服务：武汉市中心医院与阿里健康合作，提供远程诊疗服务； 3. 付费咨询服务：由医师向用户提供相关付费咨询服务。	1.《阿里健康互联网医院医生聘用协议》：针对多点执业医师，其收入为劳务费； 2.《服务合作协议》：对于外部入驻医师，其收入定性为劳务费，约定由第三方公司代扣代缴个人所得税。

三、医师与互联网诊疗咨询平台的法律关系及收入的税法分析

我们需要真正关心的落脚点应该放在医师与互联网诊疗咨询平台的合作方式上，探究医师的这部分收入来源性质，以及医师以何种身份获取这些报酬。只有搞清楚了这一点，才有可能真正释放医师的潜能和引导在线医疗平台的合规发展。

表5-11　医师与互联网诊疗咨询平台的法律关系及收入的税法分析表

序号	项目	内容
1	平台自建医疗团队模式（如平安好医生）	
1-1	模式简介	平台拥有互联网医院资质，自建全职医师医疗团队提供诊疗服务。
1-2	法律关系	平台所对应互联网医院与自建团队医师之间系劳动关系。
1-3	收入性质	自建团队医师收入性质为工资、薪金所得。
2	医师入驻模式（如丁香园、好大夫在线、微医）	
2-1	模式简介	1. 平台开放外部医师入驻，为外部医师和患者之间的线上咨询服务提供撮合服务； 2. 平台代收患者所支付的咨询费，并抽取部分比例作为佣金后发放给外部医师。
2-2	法律关系	平台与外部医师之间系居间合同关系。
2-3	收入性质	外部医师为患者提供医疗、咨询服务的，依据现行《个人所得税法实施条例》第6条的规定，认定为个人从事医疗、咨询劳务取得的劳务报酬，还是认定为个人依法从事医疗、咨询有偿服务活动取得的经营所得，实践中存在争议，平台多回避此定性。
3	医师多点执业模式（如医联）	
3-1	模式简介	平台拥有互联网医院资质，与外部医师达成聘用协议，由医师提供诊疗服务，实现多点执业。
3-2	法律关系	多点执业医师与其主要执业机构之间一般均存在劳动关系，其与平台所对应互联网医院之间系劳务关系。

续表

序号	项目	内容
3-3	收入性质	1. 外部医师所获收入属于劳务报酬所得(由平台所对应互联网医院代扣代缴)。 2. 某多点执业平台将多点执业医师收入视为个体工商户的经营所得,系错误引用《个体工商户个人所得税计税办法》作为政策依据,该办法适用的前提为“查账征收”的个体工商户,而其多点执业医师并不符合该要件因而无法视为个体工商户,其收入亦不属于经营所得。
4	医疗机构入驻模式(如阿里健康、微信城市服务医院线上问诊)	
4-1	模式简介	医疗机构入驻平台,由医疗机构医师提供远程诊疗服务。
4-2	法律关系	医疗机构与医师之间系劳动关系。
4-3	收入性质	医疗机构医师所得为工资、薪金所得(由医疗机构代扣代缴)。

四、结语

上述递进的三层梳理、总结与分析,从基础的法律法规要求到现有案例模式剖析,再到具体平台运营模式的归类,在总分总的逻辑分析下,不难发现,我们始终围绕着税收这个要点,因为还是那句话,医师与平台以什么身份合作决定了构成什么样的税法关系,决定了如何交纳个税,也就直接影响了医师的收入层级,进而激励或者抑制了更多服务潜能的释放。

一个正向溢出的制度设计,在医师在线问诊模式的推广普及问题上,就应当体现为直接推动医师的活力释放并助力平台能量升级。因此,从短期看,似乎仅仅是医师的增收问题,但从长期反观,这是一个能否实现平台活跃度增长的问题。我们期待看到,医师与平台能建立更有效的合作机制,更稳定的法律关系,以促进在线问诊事业健康蓬勃发展。

第八节　互联网医疗行业的灵工合规解决方案

上一节笔者分析了互联网医疗平台与医护人员构建的税法关系，接下来我们将探讨医护人员在平台的收入种类和性质，以便分析如何与灵工平台结合构建合规的解决方案。

从该平台的功能看，若同时开展在线问诊及健康咨询服务，入驻的医师需要先行在其互联网医院进行多点执业备案，备案通过后方可进行多点执业，开展互联网诊疗服务；医师亦可自主选择接受健康咨询订单，其所得收入被该平台称为“执业工资”。

在其税务处理上，依据平台对外展示的税收说明，平台为医师获得的收入扣税，但对应的税款由平台补贴，即无须医师个人缴纳（我们暂不评论羊毛出在羊身上的逻辑）。

该平台在医师收入规则中介绍并引用的政策依据总结为：

（1）《计税办法》第 3 条第 3 项“本办法所称个体工商户包括其他从事个体生产、经营的个人”。

（2）《计税办法》第 42 条“各省、自治区、直辖市和计划单列市税务局可以结合本地实际，制定具体实施办法”。

对上述两条税法依据的援引，不难理解平台想要传递的信息是，医师所得收入被界定为《计税办法》第 3 条中所规定的个体工商户“经营所得”。

分析该平台之所以会如此定性，逻辑关系在于：医师在平台提供在线诊疗及健康咨询服务，符合《计税办法》第 3 条第 3 项规定的“其他从事个体生产、经营的个人”，从而其收入应当被视为个体工商户的经营所得。

然而，该平台所忽略的是，《计税办法》在第 2 条已规定该办法适用的前提为“查账征收”的个体工商户，而其多点执业医师收入显然并未建账，亦未采取查账征收方式申报纳税。

所以,就该平台援引的法律条文定性的医师与平台的税收法律关系,系适用法律错误。

事实上,《个人所得税法实施条例》第6条第1款第5项即规定:"(五)经营所得,是指……个人依法从事办学、医疗、咨询以及其他有偿服务活动取得的所得……"而该平台旗下互联网医院设立在试点地区,医师多点执业备案无须提交劳动/劳务协议,因此,在未与该平台旗下互联网医院签署劳动/劳务协议的情况下,医师以个人身份通过该平台为用户提供医疗、咨询所获得的收入,本身即可根据该条"名正言顺"地被认定为经营所得。但显然,依照《个人所得税法》及《个人所得税法实施条例》,该个人经营所得的定性等同个体工商户经营所得来适用5%~35%超额累进税率,过高的税负成本将大大增加平台的运营压力。

要降低成本,除非地方政府出台相关的法律政策直接以颁布地方法规的方式调整该部分收入的税率,如四川省直接规定个人经营所得超过增值税按次纳税起征点(500元)需要代开发票的,采用总收入的1.2%预征个人所得税。

检视四川省税务局公告2019年第8号的具体发文依据,在该公告的政策解读中这样阐述,"《个人所得税法实施条例》第15条第3款规定:从事生产、经营活动,未提供完整、准确的纳税资料,不能正确计算应纳税所得额的,由主管税务机关核定应纳税所得额或者应纳税额"。

不难看出,第15条如果被采用,将置互联网医疗平台于无信之地。对于一个成熟的医疗互联网平台,实现数据采集、记录、分析和汇总的准确和完整是最基本可以保障的功能,若以"未能提供完整、准确的纳税资料"为前提而去适用核定征收的税率,平台又能取信于谁。

既然引用计税依据存在适用法律错误,引用个人经营所得核定征税的法律依据存疑,医师在互联网+医疗平台上所获得的收入,究竟应该如何合法合规缴税?这需要视医师在平台所提供的服务内容而定。

1. 在线诊疗服务

此类服务属于医疗核心业务,受《国家卫生健康委员会、国家中医药管理局关于印发互联网诊疗管理办法（试行）等3个文件的通知》规范，实行准入制监管，对平台及医务人员的资质明确提出要求。大多数地区亦纷纷出台细则，对医师与互联网平台签署聘用/劳务协议作出细致约定。

因此，医师在从事诊疗类医疗服务时，应依据中央及地方互联网诊疗、医师多点执业等方面相关规定，依法以执业医师身份对其服务所得合规纳税。

如果医师与该平台旗下互联网医院签订劳动合同，则其所得属于工资薪金所得，由该互联网医院代扣代缴；如果医师与该平台旗下互联网医院签订劳务合同，则其所得属于劳务报酬所得，由该互联网医院代扣代缴；如果医师仅于该平台进行备案，而未签署任何劳动/劳务协议，则其所得可适用经营所得，由医师自行申报纳税。

2. 健康咨询服务

此类服务属于医疗服务的辅助、支持范畴，目前国家尚未出台相关规范进行管理。

对于咨询类辅助支持服务，医师则可考虑设立个体工商户，以个体工商户身份提供服务，此类医疗辅助支持服务的个体工商户无须前置审批，设立便捷。

个体工商户的该部分收入即经营所得，可依法享受国家对于小微企业的普惠性税收减免政策[月销售额15万元以下（含本数）的增值税小规模纳税人，免征增值税]及其他设立地对于个体工商户经营所得个人所得税相关的优惠政策。

因此，医师在互联网+医疗平台上，对于其于平台中提供的多点执业在线诊疗服务，按照劳务报酬所得申报纳税；对于国家未实行准入监管的咨询类辅助支持服务，可以个体工商户身份自主经营，以低成本达到收入依法合规纳税的效果。

然而，探讨医师在互联网+医疗平台如何缴税的前提在于如何对在线诊疗服务与健康咨询服务进行区分？国家卫生健康委员会医政医管局局长焦雅辉亦承认“在线疾病咨询和在线疾病诊疗，这两个之间确实有一些交叉”。

事实上，很多互联网+医疗平台打着健康咨询的名号，行开方问诊之实。

只有厘清在线诊疗与健康咨询的界限，才能在规范互联网诊疗服务的同时,不会对健康咨询服务行业的发展作出不合理的限制,以致"因噎废食",限制互联网+医疗平台及医师乃至营养师、健康管理师的进一步发展。因此,我们构建平台与灵工模式结合的合规路径本质目标是准确有效地区分在线诊疗与健康咨询的区别,唯此才能构建合规的法律关系。

第六章

灵工平台发展趋势

灵活用工作为新就业形态已逐步成为我国“稳就业，稳民生”的重要抓手。在国家政策的“疏”与“导”并重下，灵活用工经过野蛮生长阶段，已形成以部分头部企业引领行业的多平台发展格局，针对灵工平台社会保障的痛点问题，我们提出破局之道，而灵工平台发展的“第二条生命曲线”亦日趋明了——网络招聘与数据合规。

只有踩准灵活用工行业风口，利用好政策优势，在完善自身平台合规（企业发展的核心生命曲线）的基础上，抓住基于灵工平台海量用户及数据而形成的网络招聘、数据合规等趋势性方向，才能实现在灵工领域内的可持续发展。

第一节 灵工平台的社会保障问题

纵观灵活用工平台在欧美国家的发展轨迹，在用工企业与灵工人员关系平衡上，基本经历了从在初始对灵工人员社会保障的缺失，到逐步健全完善相关保障制度的相似历程。以我们熟悉的 Uber 为例，其起初也因未能及时保障司机的权益受到挑战。其在整改后，专门编纂《欧洲工作社会保障白皮书》，并且出台举措，与保险机构等合作，向灵工人员提供包括交通事故、住院补贴、财产损失和第三方伤害等保险。再如，美国最大的灵活用工平台 Manpower，也根据用工企业在各地的发展不平衡逐步完善对灵工人员的身心保护制度。

灵工平台不是新生事物，国际社会的大量经验可供借鉴学习。正如欧盟当前在鼓励灵活用工方面呈现的一种趋势，即其社会保障制度渐渐对于正式劳动者与灵工人员社会保险缴纳形式不加以区分，一视同仁。

当前阻碍灵活用工模式发展的最大障碍就在于劳动合同保障下的劳动者与灵活用工模式下的灵工人员的社会保障体系不同。

仔细剖析灵活用工模式，灵工平台承揽用工需求方的业务后向灵工人员或其注册成立的个体工商户等商事主体进行业务转包，以平等合作关系取代原来传统的具有人身隶属性及经济从属性的劳动关系，使灵工人员更具有自主性，用工需求方亦无须再面对众多员工的招聘、管理、发薪、报税、奖惩等烦琐工作，而由专门的灵工平台用新的大数据匹配、大数据协同管理与治理等方式进行管理，该模式确实符合在当今社会经济、互联网技术不断发展的背景下，社会生产资源进行不断重组的客观规律。

该灵活用工模式下，无主体可适用《劳动法》《劳动合同法》等法律规定的用人单位的法定义务及责任，灵工人员的社会保障问题成为实践中不断探索的重要议题。

针对该问题,行业内催生了部分先行者。

其一,平台自发行为:已有部分灵工平台联合保险机构创新性地推出“新业态职业伤害责任险”等专门针对灵工人员的商业保险方案,以补足社会保险在该模式下的缺位。

其二,地方政府部门监管措施:部分地方政府保障部门也纷纷出台灵工人员相关政策,如我们在第四章第三节讨论的广东省人力资源和社会保障厅、广东省财政厅出台的《管理办法(正式稿)》,首次在养老保险和工伤保险的社会保障方面作出突破;而作为全国首批针对灵工人员出台的地方标准,天津市市场监督管理委员会发布的《共享经济平台灵活就业人员互联网管理与服务指南》,针对灵工人员管理与服务的基础要求、管理要求、服务要求、管理与服务机构的监督管理内容作出规定。

因此,本书从灵工人员权益保障的现状及《共享经济平台灵活就业人员互联网管理与服务指南》等规范的分析出发,总结、梳理在现行法律规制体系下,部分灵工平台及地方社会保障部门所作出的突破与创新,并探讨未来灵工人员权益保障体系的建立,希冀为灵活用工模式这一新事物的健康发展,为灵工平台的社会保障之困提供借鉴及参考意义。

一、现状:灵工人员权益保障的缺位与相关规范的缺失

在灵活用工模式项下,用工企业与灵工平台之间、灵工平台与灵工人员之间均为合作关系,因此法律关系上不属于《劳动法》《劳动合同法》等规制劳动关系的法律法规的范畴。在该等情况下,灵工人员权益无法得到充分保障。

如某撮合平台服务费纠纷案,在该案中,发包企业拖欠支付灵工人员的服务费,法院认为该撮合平台应当在发包企业出现欠付服务费的情形时及时在平台进行提示并采取相应措施,但其却允许该发包企业继续发布发包信息,未能履行平台保障义务,因而应当按照《电子商务法》的规定承担连带清偿责任。

上述案件体现出灵工人员权益保障的缺位。针对此类现象,《共享经济平台灵活就业人员互联网管理与服务指南》在“服务要求”章节就灵工人员的收

入发放、合规纳税、保险保障作出明确规定：在收入发放方面，要求提供全天候的结算服务，向灵工人员支付报酬的实时到账数量比率不得低于99.9%；在合规纳税方面，应按时完成全税种纳税申报，足额缴纳灵工人员个税，2年无逾期申报滞纳金、罚款等，并可提供加盖"征税专用章"的灵工人员完税凭证；在保险保障方面，宜为灵工人员提供社会保险缴纳服务，宜通过用户数据分析，结合保险类型、金额等属性建立保险服务的需求模型，为其提供商业保险推荐、运营等服务。该等规定为灵活用工平台规范管理灵工人员提供了一定的借鉴与参考。

然而，总览《共享经济平台灵活就业人员互联网管理与服务指南》全文，相关规定还是表述得过于笼统，实际可操作性并不强。以灵工人员的社会保险保障为例，根据《劳动法》等现行法律法规，社会保险及住房公积金应当由灵工人员建立劳动关系的用人单位缴纳，其中无雇工的个体工商户及其他灵工人员可以自行参加养老保险、医疗保险。但在灵活用工模式项下，灵工平台与灵工人员之间为合同关系，并不受《劳动法》等相关法律法规的规制，因此无法作为用人单位为灵工人员缴纳社会保险。因此，在现行法律体系内，灵工平台及用工单位无法"名正言顺"地给予灵工人员相应权益保障，相关法律规范存在缺失。

二、破局：现行法律规制下的突破与创新

面对灵工人员权益保障的缺位及相关规范的缺失，部分灵工平台和地方社会保障部门都作出了自己的突破。

如某平台针对即时配送等行业内灵工人员高伤亡率的现状，与中国人民保险合作，专为灵工人员职业伤害保障设计、推出定制化的保险产品；同时，针对灵工人员的自有工具购买及养护难、生活开销大的难题，专门推出普惠性的金融产品，为灵工人员提供及时、优惠、便捷的金融服务。

广东省人力资源和社会保障厅、广东省财政厅则出台《管理办法（正式稿）》，首次在养老保险和工伤保险的社会保障方面作出突破：（1）在养老保险方面，除广东省户籍灵工人员可依法在户籍地或就业地办理养老保险外，外籍

灵工人员亦可在就业地办理养老保险,给予其灵工人员更多保障。(2)在工伤保险方面,则首次明确在用工单位就业的非劳动关系人员,可以由用工单位为其缴纳工伤保险费,参照工伤保险规定享受工伤保险待遇权利。(3)在其他保障权益方面,《管理办法(正式稿)》提出对未建立劳动关系,不适用现行劳动保障法律法规的灵活就业人员,人力资源社会保障部门应引导其与就业单位协商双方的权利和义务,合理确定服务时间、报酬、休息休假、劳动保护等基本权益。协商不一致的,引导双方通过人民调解组织、工会组织和行业协会等调解解决纠纷。

上述在现行法律规制下的突破与创新,对灵工人员的权益保障具有重大意义。

三、趋势:建立多位一体的灵工人员权益保障体系

虽然当下针对灵工人员的权益保障问题,部分灵工平台和地方监管部门都进行了一定程度的尝试与努力,但还远远不够,需要建立起用工单位、灵工平台及政府相关部门多位一体的灵工人员权益保障体系,以系统地、全面地为灵工人员提供权益保障。

灵活用工模式涉及用工单位、灵工人员及灵工平台三方主体,因此对于灵工人员的权益保障体系而言,需要用工单位、灵工平台的携手参与;而作为灵工人员权益保障的有力屏障,相关政府部门的监督管理亦不可或缺:

第一,需要各行业头部企业引导建立健康的灵活用工生态。目前,在即时配送等行业,存在一种怪象,即大型外卖配送平台要求第三方配送站点与骑手建立劳动/劳务关系,并承担相应人员保障责任,以减轻自身平台的用工风险;但基于用人成本的不断上升,其又默认允许第三方配送站点与其指定的灵工平台合作以降低站点的用工成本,但却事先书面约定不允许其将配送业务转包。这就导致不少站点往往会在与骑手建立劳动关系的同时,选择灵活用工模式,将配送业务转包给灵工平台,从而导致各方用工法律关系混乱、权利义务不明,当发生灵工人员权益受侵害事件时,只得互相推诿。对此,各行业头部企业应

能够理解并认可灵活用工模式，引导建立健康的灵活用工生态，切不可只顾“自扫门前雪”。

第二，需要政府相关立法部门建立健全灵工人员权益立法规范。在传统劳动用工关系模式下，劳动者的工资结算、休息休假、社会权益保障、劳动关系的建立及解除都有明确的法律规定，并与之匹配一一对应的法律责任；在灵活用工关系模式下，虽然灵工人员的服务费结算及人身权益保障可以同等地通过合同条款约束，但对于灵工平台而言，其自我约束的动力并不强。因此，需要政府相关立法部门、联合保障部门及其他业务主管部门，针对灵工人员权益保障，通过相关法律法规规范促使平台自觉承担相应权利义务，以更好地实现对灵工人员权益的保障。

第三，需要灵工平台自觉履行平台应尽义务，进一步拓展灵工人员权益保障的创新产品。基于健康的灵活用工生态体系建立及相关立法规范的健全并非一蹴而就，在现行法律法规框架下，灵工平台应当根据《电子商务法》等法律法规的规定，自觉履行平台应尽义务；同时，灵工平台还可考虑进一步拓展灵工人员权益保障产品，如与相关商业保险机构/金融机构合作，针对各行业的灵工人员制定与用工模式相契合的保险产品/金融产品，在一定程度上先行做好对灵工人员的权益保障。

四、结语

当前，基于灵工平台对灵工人员权益保障措施的缺位及相关法律规范的缺失，灵工人员的权益未能得到充分保障，引起个别非理性的极端维权事件，这正好警示社会和平台及多方利益关联者在社会保障层面借鉴欧美国家成熟有效的经验，结合我国的制度现状，寻找平衡各方诉求及利益的综合解决方案，以给予灵工人员更多必要、合理的身心保障。毕竟，随着人口福利的消失、用人成本的提升、经济关系的变革，打破传统劳动用工边界，深化灵活用工形式已经成为趋势。我们需要悉心探究各方之间真正的底层法律关系，在明确并落实各方权利义务及法律责任的前提下，在法律允许的最大范围内更好地保障灵工人员权益的基础上，积极引导灵工人员采取理性、合法的手段维护自身利益。

笔者看到，部分灵工平台及地方社会保障部门已经在现行法律规制下作出创新与变革，如有灵工平台推出定制化保险产品，有地方政府保障部门允许灵工平台基于非劳动关系为灵工人员缴纳社会保险。

为建立多位一体的灵工人员权益保障体系，建议各行业头部企业尽快引导建立健康的灵活用工生态；同时由相关政府立法部门联合保障部门及其他业务主管部门，通过建立健全灵工人员权益立法规范促使平台自觉承担相应权利义务；而在现阶段，各大灵工平台则应自觉履行平台应尽义务，同时可考虑进一步拓展灵工人员权益保障的创新产品，在努力保障灵工人员权益的同时，降低自身用工法律风险。

例如，在德国，灵工平台自发成立类似的行业组织，承担着建立规范、制定标准、处理投诉等职责。对此，笔者有理由相信，很快我们也会有类似的组织产生，让灵工人员有更多的权益保障渠道。

第二节　灵工平台在互联网招聘领域的风险（上）

人力资源和社会保障部出台的《网络招聘服务管理规定》已于2021年3月1日起正式实施。至此，网络招聘行业不再是法外之地，各大第三方撮合类型的网络招聘平台将面临信息审查合规、数据合规、电子商务平台经营合规等合规新要求。

然而，对于开展网络招聘业务的灵工平台这类雇主直聘类型的招聘平台（如“百度招聘”“腾讯招聘”），笔者称之为“自营招聘平台”，其并非撮合体外第三方用工企业与求职者达成聘用关系，而是为其体内的关联公司与求职者建立合作。

灵工平台往往以集团化形态对外呈现（以下简称集团）组织架构，除了母公司以外，会存在多个关联主体，分别承担不同的功能（包括税收结算所在地法律主体），因此，灵工平台开始开展网络招聘功能板块时，势必面临集团内某一法律主体为平台中的其他主体提供招聘人员，即关联方招聘的模式。我们从招聘资质及税法合规角度进行分析，深入探究上述灵工平台的自营招聘行为是否构成《网络招聘服务管理规定》中的适用对象，明确集团内关联方招聘的法律风险。

一、《网络招聘服务管理规定》要点解读

要回答自营招聘平台是否属于《网络招聘服务管理规定》的规制范围，首先需要就《网络招聘服务管理规定》进行系统解读。《网络招聘服务管理规定》针对网络招聘领域所暴露出的用户个人信息泄露、虚假招聘、利用招聘从事违法违规行为等问题的乱象，从网络招聘服务定义及适用主体、网络招聘服务准

入、网络招聘服务规范、网络招聘监督管理以及违规行为及法律责任等方面进行规制。

对此，笔者就《网络招聘服务管理规定》进行了系统性的梳理，总结要点如表6－1所示：

表6－1 《网络招聘服务管理规定》要点梳理表

序号	要点	内容
1	《网络招聘服务管理规定》适用范围及适用主体	
1－1	网络招聘服务	指人力资源服务机构在中华人民共和国境内通过互联网等信息网络，以网络招聘服务平台、平台内经营、自建网站或者其他网络服务方式，为劳动者求职和用人单位招用人员提供的求职、招聘服务。
1－2	人力资源服务机构	包括公共人力资源服务机构（指县级以上人民政府设立的公共就业和人才服务机构①）及经营性人力资源服务机构（指依法设立的从事人力资源服务经营活动的机构②）。
2	网络招聘服务准入	
2－1	网络招聘服务准入资质条件	1. 符合法定条件：从事网络招聘服务，应当符合就业促进、人力资源市场管理、电信和互联网管理等法律、行政法规规定的条件。 2. 取得相应资质： （1）经营性人力资源服务机构从事网络招聘服务，应当依法取得人力资源服务许可证； （2）涉及经营电信业务的，还应当依法取得电信业务经营许可证。 3. 履行主体信息公示义务： （1）从事网络招聘服务的经营性人力资源服务机构应当依法在其网站、移动互联网应用程序等首页显著位置，持续公示营业执照、人力资源服务许可证等信息，或者上述信息的链接标识； （2）前款规定的信息发生变更的，从事网络招聘服务的经营性人力资源服务机构应当及时更新公示信息； （3）从事网络招聘服务的经营性人力资源服务机构自行终止从事网络招聘服务的，应当提前30日在首页显著位置持续公示有关信息。

① 《人力资源市场暂行条例》第14条第2款。

② 《人力资源市场暂行条例》第14条第3款。

续表

序号	要点	内容
2－2	网络招聘服务业务范围	1. 为劳动者介绍用人单位； 2. 为用人单位推荐劳动者； 3. 举办网络招聘会； 4. 开展高级人才寻访服务； 5. 其他网络求职、招聘服务。
3	网络招聘服务规范	
3－1	总则	1. 从事网络招聘服务，应当遵循合法、公平、诚实信用的原则，履行网络安全和信息保护等义务，承担服务质量责任，接受政府和社会的监督； 2. 对从事网络招聘服务的经营性人力资源服务机构提供公益性人力资源服务①的，按照规定给予补贴或者通过政府购买服务等方式给予支持； 3. 人力资源社会保障行政部门加强网络招聘服务标准化建设，支持企业、研究机构、高等学校、行业协会参与网络招聘服务国家标准、行业标准的制定； 4. 人力资源服务行业协会应当依照法律、行政法规、规章及其章程的规定，加强网络招聘服务行业自律，推进行业诚信建设，促进行业公平竞争。
3－2	网络招聘求职信息规范	1. 用人单位： (1)向人力资源服务机构提供的单位基本情况、招聘人数、招聘条件、用工类型、工作内容、工作条件、工作地点、基本劳动报酬等网络招聘信息，应当合法、真实，不得含有民族、种族、性别、宗教信仰等方面的歧视性内容； (2)网络招聘信息不得违反国家规定在户籍、地域、身份等方面设置限制人力资源流动的条件。 2. 劳动者：通过人力资源服务机构进行网络求职，应当如实提供本人基本信息以及与应聘岗位相关的知识、技能、工作经历等情况。

① 《人力资源市场暂行条例》第15条：公共人力资源服务机构提供下列服务，不得收费：(一)人力资源供求、市场工资指导价位、职业培训等信息发布；(二)职业介绍、职业指导和创业开业指导；(三)就业创业和人才政策法规咨询；(四)对就业困难人员实施就业援助；(五)办理就业登记、失业登记等事务；(六)办理高等学校、中等职业学校、技工学校毕业生接收手续；(七)流动人员人事档案管理；(八)县级以上人民政府确定的其他服务。

续表

序号	要点	内容
3－3	网络招聘信息审查规范	1. 建立信息管理制度：从事网络招聘服务的人力资源服务机构应当建立完备的网络招聘信息管理制度，依法对用人单位所提供材料的真实性、合法性进行审查； 2. 信息审查内容： (1)用人单位招聘简章； (2)用人单位营业执照或者有关部门批准设立的文件； (3)招聘信息发布经办人员的身份证明、用人单位的委托证明； (4)用人单位拟招聘外国人的，应当符合《外国人在中国就业管理规定》的有关要求。 3. 信息及时更新：人力资源服务机构对其发布的网络求职招聘信息、用人单位对所提供的网络招聘信息应当及时更新。
3－4	网络安全与信息保护规范	1. 加强网络安全保护： (1)从事网络招聘服务的人力资源服务机构应当按照国家网络安全法律、行政法规和网络安全等级保护制度要求，加强网络安全管理，履行网络安全保护义务，采取技术措施或者其他必要措施，确保招聘服务网络、信息系统和用户信息安全； (2)鼓励从事网络招聘服务的人力资源服务机构运用大数据、区块链等技术措施，保证其网络招聘服务平台的网络安全、稳定运行，防范网络违法犯罪活动，保障网络招聘服务安全，促进人力资源合理流动和优化配置。 2. 建立健全网络招聘服务用户信息保护制度：人力资源服务机构应当建立健全网络招聘服务用户信息保护制度，不得泄露、篡改、毁损或者非法出售、非法向他人提供其收集的个人公民身份证号码、年龄、性别、住址、联系方式和用人单位经营状况等信息。 3. 收集、使用个人信息：人力资源服务机构从事网络招聘服务时收集、使用其用户个人信息，应当遵守法律、行政法规有关个人信息保护的规定。 4. 跨境提供信息及数据：从事网络招聘服务的人力资源服务机构因业务需要，确需向境外提供在中华人民共和国境内运营中收集和产生的个人信息和重要数据的，应当遵守国家有关法律、行政法规规定。 5. 用户信息保护情况自查：人力资源服务机构应当对网络招聘服务用户信息保护情况每年至少进行一次自查，记录自查情况，及时消除自查中发现的安全隐患。

续表

序号	要点	内容
3-5	服务收费规范	1. 不得牟取不正当利益:从事网络招聘服务的人力资源服务机构,不得以欺诈、暴力、胁迫或者其他不正当手段,牟取不正当利益; 2. 不得收取押金:从事网络招聘服务的经营性人力资源服务机构,不得向劳动者收取押金,应当明示其服务项目、收费标准等事项。
3-6	第三方网络招聘服务平台运营规范	1. 制定平台服务协议和服务规则:以网络招聘服务平台方式从事网络招聘服务的人力资源服务机构应当遵循公开、公平、公正的原则,制定平台服务协议和服务规则,明确进入和退出平台、服务质量保障、求职者权益保护、个人信息保护等方面的权利和义务。 2. 核验、登记及更新平台内主体资质信息:以网络招聘服务平台方式从事网络招聘服务的人力资源服务机构应当要求申请进入平台的人力资源服务机构提交其营业执照、地址、联系方式、人力资源服务许可证等真实信息,进行核验、登记,建立登记档案,并定期核验更新。 3. 记录、保存平台招聘、服务信息:以网络招聘服务平台方式从事网络招聘服务的人力资源服务机构应当记录、保存平台上发布的招聘信息、服务信息,并确保信息的完整性、保密性、可用性。招聘信息、服务信息保存时间自服务完成之日起不少于3年。
3-7	投诉举报制度规范	从事网络招聘服务的人力资源服务机构应当建立网络招聘服务有关投诉、举报制度,健全便捷有效的投诉、举报机制,公开有效的联系方式,及时受理并处理有关投诉、举报。
4	网络招聘服务监督管理	
4-1	监督管理部门	1. 国务院人力资源社会保障行政部门:负责全国网络招聘服务的综合管理; 2. 县级以上地方人民政府人力资源社会保障行政部门:负责本行政区域网络招聘服务的管理工作。

续表

序号	要点	内容
4-2	监督管理方式	1. 提交经营情况年度报告：从事网络招聘服务的经营性人力资源服务机构应当在规定期限内，向人力资源社会保障行政部门提交经营情况年度报告。人力资源社会保障行政部门可以依法公示或者引导从事网络招聘服务的经营性人力资源服务机构依法通过互联网等方式公示年度报告的有关内容。 2. 信息共享协同监管：人力资源社会保障行政部门应当加强与其他部门的信息共享，提高对网络招聘服务的监管时效和能力。 3. 实施联合惩戒：人力资源社会保障行政部门应当加强网络招聘服务诚信体系建设，健全信用分级分类管理制度，完善守信激励和失信惩戒机制。对性质恶劣、情节严重、社会危害较大的网络招聘服务违法失信行为，按照国家有关规定实施联合惩戒。
5	违规行为及法律责任	
5-1	未取得人力资源服务许可证擅自从事网络招聘服务的	由人力资源社会保障行政部门依照《人力资源市场暂行条例》第42条第1款的规定予以处罚： 由人力资源社会保障行政部门予以关闭或者责令停止从事职业中介活动；有违法所得的，没收违法所得，并处1万元以上5万元以下的罚款。
5-2	办理变更或者注销登记未书面报告的	由人力资源社会保障行政部门依照《人力资源市场暂行条例》第42条第2款的规定予以处罚： 由人力资源社会保障行政部门责令改正；拒不改正的，处5000元以上1万元以下的罚款。
5-3	1. 未公示人力资源服务许可证等信息的 2. 未明示有关事项的 3. 未提交经营情况年度报告的	由人力资源社会保障行政部门依照《人力资源市场暂行条例》第44条的规定予以处罚： 由人力资源社会保障行政部门责令改正；拒不改正的，处5000元以上1万元以下的罚款。违反其他法律、行政法规的，由有关主管部门依法给予处罚。

续表

序号	要点	内容
5-4	1. 发布的招聘信息不真实、不合法的； 2. 牟取不正当利益的	由人力资源社会保障行政部门依照《人力资源市场暂行条例》第43条的规定予以处罚： 由人力资源社会保障行政部门责令改正；有违法所得的，没收违法所得；拒不改正的，处1万元以上5万元以下的罚款；情节严重的，吊销人力资源服务许可证；给个人造成损害的，依法承担民事责任。违反其他法律、行政法规的，由有关主管部门依法给予处罚。
5-5	1. 违法设置限制人力资源流动的条件的； 2. 未依法履行信息审查义务的	由人力资源社会保障行政部门责令改正；拒不改正，无违法所得的，处1万元以下的罚款；有违法所得的，没收违法所得，并处1万元以上3万元以下的罚款。
5-6	向劳动者收取押金的	由人力资源社会保障行政部门依照《就业促进法》第66条的规定予以处罚： 由劳动行政部门责令限期退还劳动者，并以每人500元以上2000元以下的标准处以罚款。
5-7	未依法进行信息收集、使用、存储、发布的	由有关主管部门依照《网络安全法》等法律、行政法规的规定予以处罚。
5-8	1. 不履行核验、登记义务的； 2. 不履行招聘信息、服务信息保存义务的	由人力资源社会保障行政部门依照《电子商务法》第80条的规定予以处罚。法律、行政法规对违法行为的处罚另有规定的，依照其规定执行： 由有关主管部门责令限期改正；逾期不改正的，处2万元以上10万元以下的罚款；情节严重的，责令停业整顿，并处10万元以上50万元以下的罚款。

二、结语

从上文解读中可以看出，《网络招聘服务管理规定》项下的网络招聘服务落脚点在于为劳动者和除平台自身之外的其他用人单位提供求职、招聘服务，因此判断灵工平台集团内关联方招聘是否属于《网络招聘服务管理规定》的适用范围，重点在于判断灵工平台集团内关联方是否属于“除平台自身之外的其他用人单位”，能否将二者视为同一主体？若是属于除平台自身之外的其他用人单位，集团内关联方招聘将同样受到《网络招聘服务管理规定》的约束。此次《网络招聘服务管理规定》的亮点之一即在网络招聘服务规范层面，结合《网络安全法》等法律法规规定，对于网络招聘服务平台的网络安全与信息保护规范作出明确规定，要求其加强网络安全保护，建立健全网络招聘服务用户信息保护制度，同时遵循收集及使用个人信息、跨境提供信息及数据，做好用户信息保护情况自查工作。

对于以网络招聘服务平台方式从事网络招聘服务的人力资源服务机构而言，基于其构成《电子商务法》规定的平台经营者，故而《网络招聘服务管理规定》也明确其需遵守《电子商务法》针对平台经营者的相关规定，对于入驻平台内的其他人力资源服务机构（平台内经营者），依法履行核验、登记义务，以及招聘信息、服务信息的保存义务。

下一节笔者结合灵工平台集团内关联方招聘的具体模式，从招聘资质及税法角度深入探究、分析上述自营招聘平台是否构成《网络招聘服务管理规定》规定的适用对象。

第三节 灵工平台在互联网招聘领域的风险(下)

上文笔者详细分析了网络招聘的法律监管要点,本节笔者从网络招聘服务定义及适用主体、网络招聘服务准入、网络招聘服务规范、网络招聘监督管理以及违规行为和法律责任等方面对《网络招聘服务管理规定》进行系统性的解读,以此为基础,结合灵工平台集团内关联方具体的招聘模式及实践做法,进一步判断、分析集团内关联方招聘是否涵盖在《网络招聘服务管理规定》之内。

一、灵工平台集团内关联方招聘是否属于《网络招聘服务管理规定》的规制范围?

(一)集团内关联方招聘模式

在集团内关联方招聘模式下,往往是由体内某一公司作为自营招聘平台的运营者,为集团内其他关联公司提供平台与求职者建立连接以促成聘用关系。

以腾讯招聘为例,其平台使用的是"Tencent. com"的子域名,而"Tencent. com"的备案主体为深圳市腾讯计算机系统有限公司,网站开发者及平台协议签署主体又为境外公司 Tencent International Service Pte. Ltd.(腾讯国际服务新加坡私人有限公司),而平台内发布的职位则大多指向境内各地的关联公司。

又如,某灵工平台专门下设一子公司从事灵活用工招聘业务,基于平台用工企业的要求招聘合适的灵工人员,后由该等灵工人员与平台自身或集团内其他关联公司本身建立合作关系,承揽平台自前述用工企业承揽的业务。具体如图 6 -1 所示:

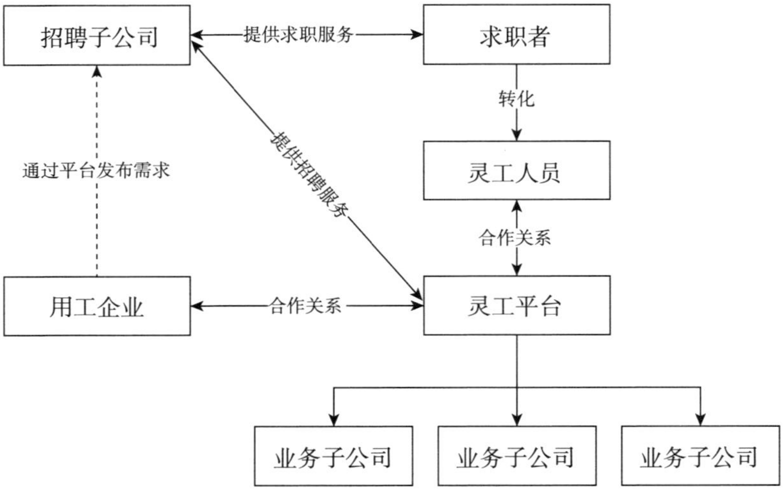

图6－1 某灵工平台集团内关联方招聘模式图

（二）集团内关联方招聘属于《网络招聘服务管理规定》的规制范围

根据《网络招聘服务管理规定》，网络招聘服务是指以网络招聘服务平台、平台内经营、自建网站或者其他网络服务方式，为劳动者求职和用人单位招用人员提供的求职、招聘服务，因此，用人单位通过自有网站进行自主招聘的行为并不属于"网络招聘服务"，主要考虑因素是用人单位通过自有网站进行自主招聘的行为，不属于中介服务行为，将由其他相关法律规范调整。

因此，判断集团内关联方招聘是否属于《网络招聘服务管理规定》的规制范围，则需要判定在自营招聘平台运营主体及实际招聘主体非同一主体时，该等招聘平台提供的招聘、求职服务是否构成"中介服务行为"。

对此，笔者电话咨询了上海市、北京市及江苏省人力资源和社会保障部门，其中除北京市没有作出明确答复外，上海市及江苏省昆山市均答复若平台运营主体与实际招聘主体非同一主体，则该自营招聘平台需要办理《人力资源服务许可证》，即构成"中介服务行为"。

综上所述，结合《网络招聘服务管理规定》解读及实践咨询，笔者判断，集团内关联方招聘应当属于《网络招聘服务管理规定》的适用范围，具体理由如下：

1. 资质要求

如上文所述，根据《网络招聘服务管理规定》，经营性人力资源服务机构从事网络招聘，需要获得《人力资源服务许可证》《电信业务经营许可证》等资质，而这些资质并不允许擅自出借或挂靠。如《电信条例》规定，伪造、冒用、转让电信业务经营许可证、电信设备进网许可证或者编造在电信设备上标注的进网许可证编号的，由国务院信息产业主管部门或者省、自治区、直辖市电信管理机构依据职权没收违法所得，处违法所得 3 倍以上 5 倍以下罚款；没有违法所得或者违法所得不足 1 万元的，处 1 万元以上 10 万元以下罚款。

显然，《网络招聘服务管理规定》以专章列示网络招聘平台的准入资质，意在打击无证从事网络招聘服务的“三无”平台，而如果将自营招聘平台运营主体与实际招聘主体视为同一主体，则涉嫌资质挂靠，这显然与《网络招聘服务管理规定》的制定初衷不符。

2. 税法要求

即使认定灵工平台集团内关联方招聘不属于《网络招聘服务管理规定》的适用范围，对于关联关系及关联交易的认定也将构成挑战。由此，集团内各主体之间的关联关系的界定将变得模糊，且极易发生扩大化解释；关联关系的认定又关系到关联交易及合理定价的问题。根据《企业所得税法》的规定，企业与其关联方之间的业务往来不符合独立交易原则而减少企业或者其关联方应纳税所得额的，税务机关有权按照合理方法调整。如果将自营招聘平台主体与实际招聘主体均视为同一主体，则不利于主管税务部门认定为关联交易，关联公司之间自然也无须就关联交易作出合理定价，对于主管税务部门的税务合规监管将会产生不利影响。

因此，将灵工平台集团内关联方招聘排除在《网络招聘服务管理规定》的适用范围之外，亦会给自营招聘平台带来税务合规风险。

二、结语

结合《网络招聘服务管理规定》的解读及部分地方主管人社部门的电话咨

询，笔者认为：基于从事网络招聘服务相关的资质在灵工平台集团内部之间不得挂靠、借用，且将自营招聘平台运营主体与实际招聘主体视为同一主体不利于关联交易的认定，将带来税务合规相关法律风险，因而不应将灵工平台集团内关联方招聘排除在《网络招聘服务管理规定》的规制范围之外。

这就为集团内关联方招聘戴上了“紧箍咒”，灵工平台切不可借着自营招聘平台的名义，为集团内其他关联公司提供第三方撮合招聘、求职服务，而应当对照《网络招聘服务管理规定》《电子商务法》《网络安全法》等规定，遵守包括网络招聘求职信息规范、信息审查规范、网络安全与信息保护规范、收费规范及平台运营规范等在内的网络招聘服务规范，并接受主管人社部门的网络招聘监督管理，对目前暴露出的不合规行为尽快进行整改，依法合规健康运营。

第四节 灵工平台的数据合规

《数据安全法》已于 2021 年 9 月 1 日起施行。这意味着,《数据安全法》与《网络安全法》及 2021 年 8 月公布的《个人信息保护法》一起,共同构筑我国数据安全领域的法律框架,规范数字经济健康长远发展。

作为数字经济新业态中的重要组成部分之一,灵活用工行业的数据安全及合规管理问题十分严峻。基于其运营模式,灵工平台本身会收集大量个人数据(含个人敏感数据),如会存在所采集的数据在灵工平台集团内共享,与业务需求方、第三方服务商或政府部门共享等,若不对数据安全加以保护,将造成无法估量的影响。

对此,本节将在梳理灵工平台的数据全生命周期的基础上,总结灵工平台面临的数据安全及合规问题,为灵工平台提供数据合规路径与解法。

一、灵工平台的数据全生命周期解析

(一)灵工平台的数据全生命周期

随着灵工平台的进一步发展,其处理数据的场景会越来越多,也会越来越复杂。以某灵工平台为例,其目前已不仅仅满足于为用工企业及灵工人员提供结算功能的服务,而是通过加载更多的增值服务来为灵工平台进行赋能,如为灵工人员提供保险服务、金融服务等。此时,灵工平台不可避免地会涉及与第三方保险服务商、金融服务商共享灵工人员的数据,若灵工平台未就该等数据共享规则向灵工人员进行说明并获得灵工人员的同意,或虽已获得灵工人员同意但在实际共享过程未遵照规则进行共享,则将会埋下数据安全的隐患,亦涉嫌侵犯灵工人员的数据权益。

灵工平台在运营过程中通常会历经以下数据生命周期:(1)从最开始针对灵工人员的个人数据(含个人敏感数据)收集;(2)到将前述收集的用户数据传输至主管市场监督管理局及主管税务机关以完成工商登记、税务登记、申报纳税等事宜;(3)到存储数据以供后续数据的调用及大数据分析;(4)再到不同业务功能下的数据的使用及共享;(5)直至最终应用户要求或在用户注销账号时进行数据删除或匿名化处理。

具体而言,灵工平台的数据全生命周期如图 6-2 所示:

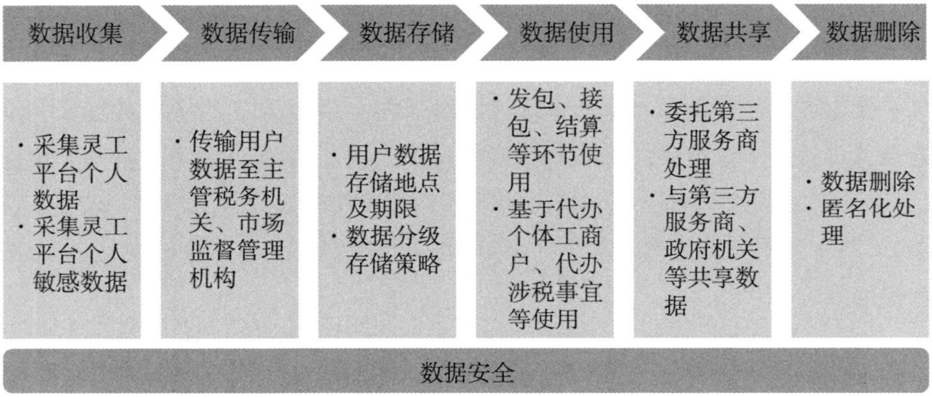

图 6-2 灵工平台的数据全生命周期图

(二)概念厘清:数据控制者和数据处理者

如上文所述,灵工平台会接触大量的数据,但对于灵工平台自身而言,其是否真正拥有这些数据?其是否应当对该等数据的安全及合规负责?相信这是不少灵活用工平台的困惑。

其实,上述问题的核心点在于灵工平台究竟属于数据控制者还是数据处理者?

根据欧盟出台的《通用数据保护条例》(General Data Protection Regulation,以下简称《GDPR》),数据控制者的定义为:单独或共同决定个人数据处理目的和方法的主体;数据处理者的定义为:代表数据控制者处理个人数据的主体。数据控制者与数据处理者的主要区别在于是否决定了个人数据的使用目的和处理方式。

对于灵工平台而言，在总包模式下（此处是指实质意义上的总包模式，非仅具备结算功能的“假总包”模式），三方关系的商业本质是签署背靠背协议，用工企业与灵工人员之间并无直接的法律关系，其无法直接控制灵工人员；而灵工平台作为直接与灵工人员发生法律关系的一方，对于灵工人员的数据享有控制权，能够直接决定数据的使用目的及处理方式，因此，在总包模式下，灵工平台属于“数据控制者”。

但在撮合模式下，灵工平台仅撮合用工企业与灵工人员之间建立合作关系，不实质参与到业务承揽过程中，其仅系根据用工企业的要求及指示处理灵工人员的数据，因此，在撮合模式下，灵工平台属于“数据处理者”。

然而，在我国，无论是《数据安全法》还是《个人信息保护法》，其均未区分数据控制者与处理者，而是笼统地表述为“开展数据处理活动的组织、个人”“个人信息处理者”。这在某种程度上拔高了《GDPR》语境下的“数据处理者”所需承担的责任及义务。实践中有大量的数据处理者无法实现数据控制者身份下的数据保护，同时因为模糊了数据处理者和控制者的界定，让两者无法得到有效的合规边界指引。欧盟作为《GDPR》规则的配套文件，专门出台了涉及数据控制者与数据处理者的白皮书，将两者明确区分之后配以不同的责任和监管要求。

在现阶段国内尚无其他配套文件解释说明的情况下，本着“就高不就低”的原则，建议灵工平台以“数据控制者”的身份严格要求自己，落实好数据全生命周期项下各个环节的数据安全，本节亦以灵工平台作为“数据控制者”的身份予以展开。

因此，灵工平台作为数据处理者，应当按照《个人信息保护法》中规定的数据处理原则开展数据处理活动，该原则与欧盟《GDPR》中的数据控制者数据处理的七大原则高度一致，具体包括：（1）合法、公平、透明；（2）目的限制；（3）数据最小化；（4）存储限制；（5）准确性；（6）完整性和机密性；（7）问责制。

二、灵工平台面临的主要数据安全及合规问题

由于灵活用工行业仍处于高速发展阶段,灵工平台对于平台数据安全并未予以足够的重视。虽然天津市市场监督管理委员会出台了首个针对灵工平台的地方标准(2021 年 1 月 15 日实施的《共享经济灵活就业人员管理与服务平台基本安全要求》),但该地方标准对平台的数据安全问题规定得较为简单和笼统,对于灵工平台的指导意义不强,大部分灵工平台在数据的全生命周期下,仍然基本没有遵循个人数据保护的基本原则,数据合规问题存在严峻挑战。

具体而言,灵工平台面临的主要数据安全及合规问题如下:

(一)数据收集:未经明示同意收集或过度收集灵工人员个人数据

目前,虽然绝大多数灵工平台会公示相关的用户注册协议及隐私政策,但基本是简单借鉴各大平台的协议,并未重视隐私政策所公示内容的完整性、精确性及合规性。部分灵工平台未根据自身平台功能设置对应的数据收集使用规则,或在未经用户同意隐私政策前就开始收集、上传个人数据,以至于隐私政策形同虚设。

除此之外,部分灵工平台还存在过度收集个人数据的情形。国家互联网信息办公室、工业和信息化部、公安部及国家市场监督管理总局出台的《常见类型移动互联网应用程序必要个人信息范围规定》明确移动互联网应用程序运营者不得因用户不同意收集非必要个人数据,而拒绝用户使用基本功能服务。然而,在实践中,大量灵工平台 App 或微信小程序收集的个人数据与其实现的产品功能并没有明确关联,甚至明显超出合理范围。如在灵工人员的身份验证环节,收集灵工人员的手机号码、验证码、姓名、身份证号码等必要数据,同时强制要求灵工人员提供人脸验证视频信息,则明显超出数据搜集的最小必要原则,构成过度收集个人数据的行为。

(二)数据传输:未采用加密等安全措施传输数据

大部分灵工平台在将收集到的灵工人员个人数据基于不同的运营模式传

输至其他第三方时,数据传输过程并未完全采用机密等安全措施。如在灵活用工个体工商户模式下,灵工平台往往会与当地工商注册登记平台 IT 对接,将灵工人员批量注册个体工商户所需要的个人数据进行传输,若不采取加密等保护措施,容易出现数据泄露、丢失等情形。

(三)数据存储:未明确存储地点及存储期限,亦未实现分级存储

为了便于后续数据调用及大数据分析,灵工平台往往会存储部分灵工人员用户数据,但并未明确数据存储地点(如是否存在跨境运输)及存储期限,以及超期限后的数据处理规则。

同时,在数据存储方面,灵工平台并未完全实现数据的分级分类管理制度,未针对数据分类分级结果采取不同的数据存储策略,针对个人敏感数据亦未实现加密存储等。

(四)数据使用:超范围使用灵工人员个人数据

实践中,灵工平台还存在未在平台隐私政策约定的范围内使用灵工人员个人数据的行为,且并未就此行为再次征得灵工人员的明示同意。如隐私政策中明确身份证数据仅用于平台基础业务功能,但灵工平台却将该等数据用于平台增值业务功能(如用于保险服务),则构成超范围使用灵工人员个人信息的行为。

(五)数据共享:共享规则不清晰

实践中,灵工平台的法律组织特点是多主体集团公司形态,数据采集主体和数据处理主体往往不一致,因此涉及数据转移和数据共享的问题。

另外,灵工平台涉及的外部数据共享场景很多,包括基于监管需求与政务部门进行共享、基于增值服务赋能与第三方服务商进行共享、基于内部运营需求在关联公司间进行共享。

然而,不少灵工平台并未向灵工人员和外部第三方等合作机构明确数据共享目的及共享规则,或虽然明确但实际并未与数据共享方共同遵守该共享规

则，导致个人数据被擅自共享。

（六）数据删除：未设置删除路径，亦未实现匿名化处理

通常，当灵工人员要求、灵工人员注销账户或灵活用工平台停止运营时，灵活用工平台应当删除或匿名化处理灵工人员的个人数据。

但绝大部分灵工平台并未设置灵工人员可以自主选择删除其个人数据的路径；即便灵工人员已注销账户，其此前被收集的个人数据仍留存于灵工平台之内，亦未能实现匿名化处理。

随着灵活用工行业的发展，与数据相关的处理行为和功能会逐渐增多，自动化画像推送问题、数据融合问题、数据迁移等问题会不断涌现，平台所面临的数据安全责任和压力以及合规要求都将不断增加。

三、灵工平台数据合规路径与解法

对于灵工平台面临的上述数据安全及合规问题，灵工平台是否有对应的解法与路径？其实，灵工平台只需要落实开展个人信息安全评估的关键环节，并把握住隐私政策这一重要抓手，即可基本建立灵工平台自身的数据合规体系框架。

（一）关键环节：开展个人信息安全评估

开展个人信息安全评估是建立数据合规体系的关键环节。《GDPR》中规定，当某种类型的数据处理（特别是适用新技术进行的处理）很可能会对自然人的权利与自由带来高风险时，在考虑了处理的性质、范围、语境与目的后，数据控制者应当在处理之前评估该进程对个人数据保护的影响，即数据保护影响评估（DPIA：Data Protection Impact Assessment）；而《数据安全法》亦规定，重要数据的处理者应当按照规定对其数据处理活动定期开展风险评估，并向有关主管部门报送风险评估报告。目前“重要数据”的范围尚未厘清，相信未来将会出台配套文件对“重要数据”作进一步解释说明，灵工平台的数据评估路径将

更为清晰。

根据《个人信息保护法》的规定，个人信息处理者应当对下列个人信息处理活动在事前进行影响评估，并对处理情况进行记录：(1)处理敏感个人信息；(2)利用个人信息进行自动化决策；(3)委托处理个人信息、向其他个人信息处理者提供个人信息、公开个人信息；(4)向境外提供个人信息；(5)其他对个人权益有重大影响的个人信息处理活动。

从上述境内外规定中可以看出，对于灵工平台而言，其定期开展个人信息安全影响评估是必要且重要的。

一方面，开展个人信息安全评估可以规范灵工平台日常经营活动，及时识别风险及保护措施的漏洞，减少管理及合规成本；同时，个人信息安全评估报告可以帮助灵工人员了解其个人信息将如何被处置及保护，保障其对于个人数据的知情权，避免针对其个人数据进行的可能的高风险数据处理行为。

另一方面，个人信息安全评估在灵工平台被有关主管部门事后监管和调查过程中也发挥着重要的参考作用，甚至会将作为其处罚幅度决定的裁量要素。

虽然目前市面上有不少价格不菲的个人信息安全评估产品，但实际内容较为粗糙、流于形式。有些评估产品出具的检测清单中，忽略了针对平台搜集数据时是否基于其提供的业务场景而遵循了最小必要原则进行检测；对于儿童用户等特殊用户也未设置专门的检测路径。使用这类评估产品，对灵工平台而言并无太大意义。

因此，建议灵工平台委托专业的外部第三方机构（如律师事务所、安全技术机构、咨询公司等）进行独立且专业的评估，且重点考察其评估流程中是否包含评估“平台功能描述与搜集的最小必要数据是否匹配”以及“隐私政策与系统功能是否一致”这两大问题，以此判断该评估产品的专业性。

（二）重要抓手：写好、用好隐私政策

隐私政策是灵工平台对外展示自身数据安全及合规路径的重要抓手，是平台个人信息合规的一面镜子，隐私政策中体现的内容直接与平台各流程中的功能匹配，不合格的隐私政策将导致灵工平台面临被“下架”的风险。因此，“写

好”一份隐私政策的重要性不言而喻。那么究竟应该如何写好一份隐私政策?灵工平台应当把握以下要点:

第一,列明不同业务功能下个人信息收集使用规则。灵工平台应当在隐私政策中明确业务功能的具体内容、对应搜集的必要个人数据范围及对应的服务以及可以自主选择提供的数据范围,使灵工人员清楚个人数据的收集使用规则。

第二,明确数据共享等处理规则。灵工平台应当在隐私政策中明确其共享个人数据的类型(尤其是个人敏感数据的类型),数据共享的目的,数据共享方的类型,数据共享方的身份和数据安全能力,以及可能产生的后果等。

第三,明确平台数据安全保护措施。灵工平台应当在隐私政策中列明其已采取的数据安全保护措施(如上文提及的个人数据安全评估及其他安全防护措施等)、其已取得的数据安全认证(如三级等保、ISO27001 认证等)。

第四,明确灵工人员就其个人数据享有的权利。灵工平台应当在隐私政策中列明灵工人员享有的访问、更正、删除、改变/撤回同意范围、获取个人数据副本等权利具体内容以及实现路径,以保护灵工人员的权利不受侵害。

但若灵工平台仅止步于此,完成“形式上的合规”,终究也只能“躲过一时”的监管。隐私政策中包括数据全生命周期的规则及制度,对外呈现的是平台对于个人数据的保护实践,如果隐私政策与系统实践不相一致,灵工平台终究还是得承担相应数据违规风险。因此,灵工平台应当根据隐私政策设定的规则,及时调整系统功能并确保与之相匹配,完成“实质上的合规”。

四、结语

在灵活用工总包模式下,灵工平台作为数据控制者,决定着灵工人员个人数据的使用目的和处理方式,故应当对灵工人员的个人数据负责。

尽管灵活用工的运营过程中历经数据的全生命周期,且涉及大量的个人数据,但基于灵工平台发展速度过快,目前对数据安全的重视程度并不高,整体数据安全能力薄弱,在数据收集、运输、存储、使用、共享及删除等各环节均面临着严峻的数据合规问题。

笔者认为，上述问题的合规建议的起点在于个人信息安全影响评估，要点的把握在于隐私政策，最终建立针对平台主要资产的数据安全保护体系。若灵工平台能够真正落实开展个人信息安全评估的关键环节，借助专业的第三方评估机构并与之开展独立的个人信息安全评估工作；同时把握住隐私政策这一重要抓手，写好、用好隐私政策，使系统功能与隐私政策相匹配，则能够初步建立平台个人数据合规的基础框架，构建起灵工平台的数据合规保护体系。

对于灵工平台而言，数据是其进一步发展的重要基石，当平台上合法有效留存的数据沉淀为数字资产，将实现对于灵工人员个人及灵工平台本身的价值赋能，有助于灵工平台打造整个业务体系的数字链闭环。因此，灵工平台应当重视数据安全及合规所创造的价值，尤其是个人数据，最终依法高效运用及保护平台数据。

附录　本书相关法律法规

发布机关	法律文件	发布时间	生效时间
全国人民代表大会、全国人民代表大会常务委员会	《中华人民共和国民法典》	2020.5.28	2021.1.1
	《中华人民共和国刑法(2020年修正)》	2020.12.26	2021.3.1
	《中华人民共和国电子商务法》	2018.8.31	2019.1.1
	《中华人民共和国网络安全法》	2016.11.7	2017.6.1
	《中华人民共和国劳动合同法》	2012.12.28	2013.7.1
	《中华人民共和国劳动法》	2018.12.29	2018.12.29
	《中华人民共和国数据安全法》	2021.6.10	2021.9.1
	《中华人民共和国个人信息保护法》	2021.8.20	2021.11.1
	《中华人民共和国税收征收管理法》	2015.4.24	2015.4.24
	《中华人民共和国个人所得税法》	2018.8.31	2019.1.1
	《中华人民共和国企业所得税法》	2018.12.29	2018.12.29
	《中华人民共和国医师法》	2021.8.20	2022.3.1
国务院	《中华人民共和国发票管理办法》	2019.3.2	2019.3.2
	《中华人民共和国个人所得税法实施条例》	2018.12.18	2019.1.1
	《中华人民共和国增值税暂行条例》	2017.11.19	2017.11.19
	《中华人民共和国电信条例》	2016.2.6	2016.2.6
	《中华人民共和国税收征收管理法实施细则》	2016.2.6	2016.2.6
	《国务院关于个人独资企业和合伙企业征收所得税问题的通知》	2000.6.20	2000.1.1

续表

发布机关	法律文件	发布时间	生效时间
	《护士条例》	2020.3.27	2020.3.27
	《国务院办公厅关于应对新冠肺炎疫情影响强化稳就业举措的实施意见》	2020.3.18	2020.3.18
	《国务院办公厅关于支持多渠道灵活就业的意见》	2020.7.28	2020.7.28
	《国务院办公厅关于以新业态新模式引领新型消费加快发展的意见》	2020.9.16	2020.9.16
	《全国深化“放管服”改革优化营商环境电视电话会议重点任务分工方案》	2020.11.1	2020.11.1
	《国务院关于深化“证照分离”改革进一步激发市场主体发展活力的通知》	2021.5.19	2021.5.19
国家税务总局	《委托代征管理办法》	2013.5.10	2013.7.1
	《个体工商户个人所得税计税办法》	2018.6.15	2018.6.15
	《个体工商户税收定期定额征收管理办法》	2018.6.15	2018.6.15
	《个体工商户建账管理暂行办法》	2018.6.15	2018.6.15
	《税务登记管理办法》	2019.7.24	2019.7.24
	《建筑安装业个人所得税征收管理暂行办法》	2018.6.15	2018.6.15
	《企业所得税税前扣除凭证管理办法》	2018.6.6	2018.7.1
	《对十三届全国人大三次会议第8765号建议的答复》	2020.8.27	2020.8.27
财政部、国家税务总局	《财政部　国家税务总局关于全面推开营业税改征增值税试点的通知》	2016.3.23	2016.5.1
	《关于实施小微企业普惠性税收减免政策的通知》	2019.1.17	2019.1.1
市监局、网信办、发改委、公安部、人社部、商务部、总工会	《关于落实网络餐饮平台责任切实维护外卖送餐员权益的指导意见》	2021.7.16	2021.7.16

续表

发布机关	法律文件	发布时间	生效时间
人社部、发改委、交通部、应急管理部、市监局、医保局、最高法、总工会	《关于维护新就业形态劳动者劳动保障权益的指导意见》	2021.7.16	2021.7.16
中国人民银行	《中国人民银行关于加强开户管理及可疑交易报告后续控制措施的通知》	2017.5.12	2017.5.12
	《金融机构洗钱和恐怖融资风险评估及客户分类管理指引》	2013.1.5	2013.1.5
	《征信业务管理办法(征求意见稿)》	2021.1.11	征求意见
中共中央办公厅、国务院办公厅	《国税地税征管体制改革方案》	2018.7.20	2018.7.20
人力资源和社会保障部	《社会保险领域严重失信人名单管理暂行办法》	2019.10.28	2019.10.28
	《关于开展人力资源服务行业促就业行动的通知》	2020.7.17	2020.7.17
	《网络招聘服务管理规定》	2020.12.18	2021.3.1
劳动和社会保障部(已撤销)	《关于确立劳动关系有关事项的通知》	2005.5.25	2005.5.25
工业和信息化部	《电信和互联网用户个人信息保护规定》	2013.7.16	2013.9.1
国家市场监督管理总局	《网络交易监督管理办法》	2021.3.15	2021.5.1
	《个体工商户登记管理办法》	2019.8.8	2019.8.8

续表

发布机关	法律文件	发布时间	生效时间
住房和城乡建设部、国家发展改革委、人力资源和社会保障部	《房地产经纪管理办法》	2016.3.1	2016.4.1
发展改革委、中央网信办	《关于推进“上云用数赋智”行动 培育新经济发展实施方案》	2020.4.7	2020.4.7
国家卫生健康委员会、国家中医药管理局	《互联网诊疗管理办法(试行)》	2018.7.17	2018.7.17
	《互联网医院管理办法(试行)》	2018.7.17	2018.7.17
	《远程医疗服务管理规范(试行)》	2018.7.17	2018.7.17
国家卫生健康委员会	《国家卫生健康委办公厅关于开展“互联网+护理服务”试点工作的通知》	2019.1.22	2019.1.22
国家卫生和计划生育委员会(已撤销)	《医师执业注册管理办法》	2017.2.28	2017.4.1
发展改革委员会、国家互联网信息办公室等	《关于支持新业态新模式健康发展激活消费市场带动扩大就业的意见》	2020.7.14	2020.7.14
全国信息安全标准化技术委员会	《网络安全标准实践指南——移动互联网应用程序(App)个人信息保护常见问题及处置指南》	2020.9.18	2020.9.18
江苏省人民政府	《江苏省人民政府关于进一步放宽市场主体住所(经营场所)登记条件的指导意见》	2015.9.29	2015.9.29
浙江省人民代表大会	《浙江省数字经济促进条例》	2020.12.24	2021.3.1

续表

发布机关	法律文件	发布时间	生效时间
深圳市人民代表大会常务委员会	《深圳经济特区商事登记若干规定》	2020.11.5	2021.3.1
北京市人力资源和社会保障局	《北京市人力资源和社会保障局支持多渠道灵活就业实施办法》	2020.9.29	2020.10.1
海南省市场监督管理局	《平台经济集群注册登记管理办法》	2020.12.10	2021.1.10
	《关于对互联网灵活用工平台及零工服务平台实施包容审慎监管的指导意见(征求意见稿)》	2021.6.26	征求意见
国家税务总局深圳市税务局	《深圳经济特区税收管理和信息共享保障条例(征求意见稿)》	2020.11.20	征求意见
广东省人力资源和社会保障厅、广东省财政厅	《广东省灵活就业人员服务管理办法(试行)》	2020.7.30	2020.9.1
广东省人力资源和社会保障厅、国家税务总局广东省税务局、广东省财政厅	《广东省灵活就业人员参加企业职工基本养老保险办法》	2021.4.20	2021.5.1
上海市人力资源和社会保障局	《2018 年度上海市职工社会保险缴费标准》	2018.3.29	2018.4.1
上海市公积金管理中心	《关于 2018 年度上海市调整住房公积金缴存基数、比例以及月缴存额上下限的通知》	2018.4.16	2018.7.1

续表

发布机关	法律文件	发布时间	生效时间
天津市市场监督管理委员会	《共享经济灵活就业人员管理与服务平台基本安全要求》	2020.12.4	2021.1.15
	《共享经济平台灵活就业人员互联网管理与服务指南》	2020.1.21	2020.3.1
南京市人社局、南京市市监局、南京市司法局、南京市公安局	《关于规范新就业形态下餐饮网约配送员劳动用工的指导意见(试行)》	2021.4.14	2021.5.1
国家税务总局湖南省税务局	《国家税务总局湖南省税务局关于进一步优化灵活用工互联网平台经济税收服务和管理的若干意见》	2021.4.29	2021.4.29

后　记

本书是基于我们近4年间独立发表的33篇针对灵工平台的文章重新打造而成。每一篇文章都是我们团队成员们共同努力的成果，周梦律师和纪倩律师有着青年律师异乎寻常的自驱力、学习力和热忱。

写作的过程，我们充满激情，为能最终呈现出一些精巧的方案，经常会讨论到深夜。所讨论问题的选择，一般来源于项目中亟须解决的普适的核心问题，在拟出逻辑框架后，经过一稿稿讨论，最后成文。

颇感欣慰的是，对于一个一路狂奔、急速发展的行业似乎会屏蔽一切外部的合规声音，然而，我们听到了极大的回响，就像是为这个领域注入了一股无形的力量，而这种力量不是牵制，是整个行业加速过程中的合规引导力。

我们会为此继续努力，在平台业务合规、数据合规、灵工人员的社会保障、平台企业的社会责任等方面坚持不懈地实践合规路径的设计和落地方案的解决，并最终以普适的文字呈现给大家。

本书的出版，是多方支持和努力的结果，首先要感谢澎湃研究所田春玲老师的支持，田老师非常精准地为我们量身定制了《新经济与法》的专栏，投射了我们在新经济平台合规中的定位，也给予了我们一些很好的建议。

感谢团队的其他同事，尤其是律师助理徐晶，在本书的多处撰写和校对中给予极大帮助，同时也感谢洪海涛律师、闫铁钊律师以及在本团队实习过程中给予支持和帮助的实习生洪赵骏、徐楚婷、姚闽琴子、顾鼎年、姚宇鸥。

感谢德恒律师事务所的支持，德恒律师事务所的公众号是我们的专业阵地，也感谢德恒上海律师事务所的各位同事，尤其是沈宏山主任以及管委会各位同事的支持。

特别感激法律出版社的李群老师和陶玉霞老师，她们的敬业和专业同样激励我们加倍努力。

内心最为感动和感激的是家人的支持，我们所有努力以此为起点，个人的一些成绩微不足道，但即便是这样的微弱，也仰仗家人在背后的强大支撑，尤其离不开先生王翔老师的默默关怀，正是在他的鼓励和建议下，才有了书稿的开始。